Zwei Jahre in New-York

Schilderung einer Seereise von Havre nach New-York

und Charakteristik des New-Yorker politischen und

socialen Lebens

Christoph Vetter

Alpha Editions

This edition published in 2022

ISBN : 9789356901346

Design and Setting By
Alpha Editions
www.alphaedis.com
Email - info@alphaedis.com

Contents

Vorrede.

Es wird keiner Entschuldigung bedürfen, daß der Verfasser der folgenden Bogen mit einer Charakteristik des New-Yorker politischen und socialen Lebens vor das Publikum tritt. In dieser Zeit ernster Kämpfe hat Alles, was sich auf Amerika bezieht, einen doppelten Reiz erhalten, da Tausende auf dem westlichen Festlande allein Freiheit, Ruhe und Bürgerglück zu finden hoffen.

Bei meiner Arbeit hat mich die Ueberzeugung geleitet, daß mancher Leser, der sein Vaterland nicht zu verlassen gedenkt, nicht ohne einiges Interesse Kunde von einer Stadt erhalten wird, in der sich großentheils das ganze amerikanische Leben concentrirt; Auswanderer werden manchen Rath und manche Anweisung finden, deren Befolgung ihnen um so mehr von Nutzen sein wird, als den Verfasser die strengste Wahrheitsliebe geleitet hat. Für sie ist besonders die Schilderung der Seereise geschrieben.

Wenn ich in dem Büchlein hie und da meiner Person Erwähnung that, so möge dies der Leser nicht etwa einer kleinlichen Eitelkeit, sondern vielmehr dem aufrichtigen Wunsche zuschreiben, durch eine Darstellung meiner eigenen Erlebnisse den Auswanderer auf die Gefahren aufmerksam zu machen, welchen er entgegengeht; er soll durch die Erzählung meiner Schicksale und Erfahrungen lernen, den Muth bei getäuschten Hoffnungen zu behaupten, da Ausdauer immer, wenn auch spät, zum Ziele führt.

Diese Blätter machen keinen Anspruch auf einen höheren Werth; ihr Zweck ist vollkommen erreicht, wenn sie dem Freunde ein Lächeln entlocken, dem Leser einige Stunden Unterhaltung bereiten und die Auswanderer zur Vorsicht ermahnen. Mit der Bitte um eine wohlwollende Beurtheilung sende ich sie wenige Wochen vor meiner Rückreise in die Welt; ein theurer Wunsch ist mir erfüllt, wenn sie dazu beitragen, daß mir auch in die Ferne das Wohlwollen der Leser, wie die Liebe und Erinnerung meiner Freunde und Bekannten folgt.

Rehau, im October 1849.

Der Verfasser.

Erstes Capitel.
Havre. Eine Landsmännin. Elend armer Auswanderer. Die Makler im Havre.

Die kurze Zeit, die der Verfasser dem Aufenthalte in Paris widmen konnte, war um und der Tag der Abreise erschienen. Die wenigen Freunde, an die er empfohlen war, gaben ihm beim Scheiden den Rath, die Reise von Rouen in's Havre zu Fuße zu machen, da die Schönheiten des Rhonethales in vieler Hinsicht denen des Rheinthales gleich kämen. Ich folgte der freundlichen Mahnung, die zu bereuen ich keine Ursache gehabt haben würde, wäre ich nicht am zweiten Tage von einem nebligen Regenwetter in Empfang genommen worden, das mich nicht allein bis auf die Haut durchnäßte, sondern mir auch den Genuß der reizenden Landschaft gänzlich verkümmerte.

Müde und erschöpft erreichte ich endlich das langgedehnte Incouville, eine Vorstadt des Havre. Die erste Person, die mir in den menschenleeren Straßen aufstieß, war ein junges Mädchen, welches trotz des Regens an einem Brunnen mit Waschen beschäftigt war. *»La couronne d'or, s'il vous plait, mademoiselle?«* fragte ich, mein Bischen Französisch und meine ganze mir im Momente zu Gebote stehende Freundlichkeit zusammennehmend, um baldmöglichst unter Dach und Fach zu gelangen. »Dös versteh' i net, i seyn erst acht Täg hie!« war die naive Antwort, die mich eine Landsmännin erkennen ließ. Nachdem ich für ihre freundliche Auskunft in gutem Deutsch auf's Herzlichste gedankt hatte, gelangte ich endlich nach langem Hin- und Herwandern in's ersehnte Gasthaus. Eine eigenthümliche Ueberraschung ward mir gleich beim Eintritt in's Wirthszimmer, denn Gastzimmer will ich es doch nicht nennen, zu Theil; ohngefähr 80-100 Personen jeden Alters, Standes und Geschlechtes saßen an zwei langen Tafeln und verzehrten ziemlich laut ihre Abendkost. Ich konnte mir nun schon eine Vorstellung von der Gesellschaft machen, mit der ich für 5-6 Wochen in einen engen Raum zusammengepfercht werden sollte.

Nachdem ich mich von den Reisestrapatzen in Etwas erholt hatte, machte ich mich auf den Weg, um ein Paar alte Freunde und Landsleute aufzusuchen, welche mir gleich nach dem Empfange die angenehme Eröffnung machten, daß ich vor 8-10 Tagen an eine Abreise gar nicht denken dürfe, indem seit längerer Zeit an 3000 Menschen ihre Einschiffung erwarteten. Diese Leute hatten sich ihre Plätze bereits contractlich gesichert, was ich zu thun unterlassen, späterhin aber auch nicht zu bereuen hatte, indem mir durch gütige Vermittelung meiner Freunde nicht allein ein Platz auf einem guten Schiffe, sondern auch eine einzelne Bettstelle ausgewirkt wurde, wofür ich jenen noch heute zum freundlichsten Danke verpflichtet bin, da ich durch letztere Begünstigung der Gefahr entgieng, von meinen seekranken Bettgefährten mit unangenehmen Expektorationen belästigt zu werden.

Die Tage im Havre verflossen allmählig; so angenehm manche Stunde dahin schwand, so schmerzlich wurde das Herz oft von den Leiden und Drangsalen armer Landsleute berührt. Mancher wenig bemittelte Familienvater hatte sich mit Weib und Kind aus ferner Heimath nach der weitentlegenen Hafenstadt durchgeschlagen, um dort nach Aufzehrung der wenigen Habe am fremden Strande liegen bleiben zu müssen, ohne die Weiterreise zur See antreten zu können. Einzelne dieser Unglücklichen sind wieder nach Deutschland zurückgekehrt; mancher Leser wird ihre zweirädrigen Karren an den Straßenecken stehen sehen haben, welche nichts enthalten, als Lumpen und – arme halb verhungerte Kinder.

Vielfach wurde von fühlenden Menschenfreunden vor unbedachtsamer Auswanderung mitteloser Personen gewarnt, die, wenn sie auch zum ersehnten Hafen gelangt sind, bei dem Ueberflusse von Arbeitern und ihrer Unkenntniß der Sprache Nichts als ein Leben voll des größten Elendes, des drückendsten Mangels und der schmerzlichsten Entbehrungen und Täuschungen erwartet. Die Zahl dieser Unglücklichen ist so groß, daß trotz aller Unterstützung von Seite mitleidiger Personen an eine gründliche Hülfe nicht zu denken ist. Ich sah abgemattete und abgemagerte Auswanderer mit Weib und Kind in den Straßen des Havre liegen und die Vorübergehenden anbetteln. Wurde ihnen ein Sous zugeworfen, so beeilten sie sich, sich warme Kartoffeln, die man gekocht auf den Straßen haben kann, einzukaufen, um den Heißhunger zu stillen. Der Mensch ist gewiß spekulativ, da er selbst noch aus der schrecklichsten Noth seinen Gewinn zu ziehen weiß!

Möge diese kurze, aber wahre Schilderung eine Warnung für unbemittelte Personen seyn, welche leichtsinnig über die Noth und die Entbehrungen hinwegsehen, die ihrer nothwendig auf so weiter Reise warten!

Selbst dem vermögenden Auswanderer drohen Gefahren von Seite betrügerischer Wirthe und lügenhafter Beutelschneider. Es ist eine Schmach für den deutschen Namen, daß unter allen Blutsaugern in der Fremde die Deutschen bei weitem die ersten und gewandtesten sind, und jeder Reisende thut wohl, dem Deutschen, der ihm seine Dienste freundlich und zuvorkommend anbietet, von vorn herein unbedingt zu mißtrauen. Durch alle mögliche Kniffe, Ränke und Vorwände wird den Auswanderern das Geld aus der Tasche gelockt. Ein Beispiel, das ich selbst erlebte, möge zur Vorsicht mahnen!

In einer Restauration, die ich öfter besuchte, bearbeitete ein deutscher Makler einen ziemlich viel Geld führenden jungen Mann, im Havre auf Spekulation Uhren einzukaufen, da er dieselben bei dem billigen Preise am dortigen Platze in New-York hoch verwerthen könnte. Dieser wollte Anfangs auf die Sache nicht eingehen, versprach aber, verlockt durch die Aussicht auf einen schönen Gewinn, mit seinem Wirthe, der ihm wegen seines gespickten Geldbeutels immer freundlich und herzlich entgegengekommen war und ihm daher Vertrauen eingeflößt hatte, Rücksprache zu nehmen. Dieser aber, ein Bundesgenosse sowohl des Maklers, als des Uhrhändlers, malte ihm den Gewinn noch bedeutender vor, und der arme Jüngling gieng in die ihm künstlich gelegte Falle. Er kaufte für circa 800 Franken Uhren, die er in New-York kaum für den vierten Theil wieder los werden konnte, da er in jeder Art und Weise auf's Vollkommenste betrogen war.

Reisende, die Rath und Hülfe gebrauchen, thun am besten, wenn sie sich an ihre betreffenden Consuln wenden, von denen namentlich der b.....sche, Herr M....l, wegen seiner Gefälligkeit und oft bewiesenen Humanität eine ehrenvolle und anerkennende Erwähnung verdient. –

Zweites Capitel.
Die Einschiffung. Der Capitain und der Schnurrbart.

Der Tag der Einschiffung nahte allmählig heran. Die Lebensmittel, für die man im Havre selbst sorgen muß, nebst Bett und dem nöthigen Kochgeschirr wurden an Bord gebracht. Wie freudig schlug mir das Herz, als ich das schöne neubemalte Schiff bestieg, auf dem das bunteste und lebendigste Treiben herrschte. Die poetischen und romantischen Empfindungen, die sich mir für den Augenblick aufgedrängt hatten, sollten aber sofort in Nichts zerrinnen, als ich über eine schlüpfrige Stiege in einem finstern Raum hinabstieg, in dem ich erst nach mehreren Minuten die Gegenstände um mich her erkennen konnte. Geschrei, Gekreische und Gezänke von Männern und Weibern und die schrillenden Töne kleiner Kinder empfiengen mich von allen Seiten und gaben mir bereits einen Vorgeschmack von dem, was ich in der nächsten Zeit zu bestehen haben sollte.

Nachdem ich mich mit Mühe und Noth bis zu meiner Schlafstelle, die im hintern Raume in der Nähe des Steuerruders war, hindurchgedrängt hatte, richtete ich mich so gut wie möglich in meiner neuen Wohnung ein. Gegen Mittag wurden die Anker gelichtet, und mit einem fröhlichen Hurrah begrüßten Viele die Abfahrt, welche gewiß nicht so fröhlichen Muthes gewesen wären, wenn sie eine Ahnung von dem gehabt hätten, was ihrer in Amerika wartete. Manch feuchtes Auge aber blickte nochmals nach der Küste und dachte des Vaterlandes und der daheim zurückgebliebenen Lieben, die es vielleicht nicht mehr schauen sollte.

Ein Dampfschiff bugsirte uns aus dem Hafen; außer dem Lotsen, der im Havre nie fehlen kann, hatten wir als Begleiter noch mehrere Gensdarmen an Bord, welche ohngefähr fünf englische Meilen von der Küste die Pässe sämmtlicher Passagiere untersuchten. Zugleich mußten die quittirten Ueberfahrtsverträge vorgezeigt werden. Während dieses Aktes war die ganze Reisegesellschaft auf dem Verdecke, damit von den Matrosen und den Dienern des Gesetzes das Zwischendeck durchsucht werden könnte, um eingeschlichene Individuen, welche entweder die Ueberfahrt nicht bezahlt haben oder den Händen der Gerechtigkeit verfallen sind, aufzufinden. In der That brachten sie auch einen armen deutschen Handwerksburschen in einem abgeschabten Sammetrocke zum Vorschein, der die Passagekosten zu berichtigen vergessen hatte und von einem weichherzigen Bauer unter sein Bett versteckt worden war. Trotz seines Bittens und Flehens mußte er mit den Gensdarmen die unfreiwillige Rückreise nach dem Havre machen, das er so bald wieder zu sehen sich wohl nicht hatte träumen lassen.

Als uns der Lotse und die Gensdarmen mit ihrer Beute verlassen hatten, gab der Capitain Befehl, das Schiff zu reinigen, was uns selbst sehr nothwendig schien, da durch das Einladen und Einpacken bis fast zum letzten Augenblicke der Abfahrt viel Unreinlichkeit und Schmutz auf das Verdeck und in die unteren Räume gebracht worden war. Nach Beendigung dieser Arbeit, der auch ich mich unterziehen mußte, da im Zwischendeck vollständige »Freiheit und Gleichheit« herrscht, machte ich mich auf den Weg, um meine Schiffsgesellschaft zu mustern. Mein nächster Nachbar war ein junger Rheinbaier, Namens W......., der bereits fünf Jahre in Amerika gelebt und das amerikanische Bürgerrecht erlangt hatte. Wir schlossen bald Freundschaft, was das Angenehme für mich hatte, daß ich durch ihn, da er von der ganzen Reisegesellschaft allein der englischen Sprache mächtig war, bald in nähere und sehr angenehme Beziehungen zu dem Capitaine kam, welcher sich durch Freundlichkeit und Liebenswürdigkeit auszeichnete und sämmtliche Passagiere ohne Ausnahme mit viel Humanität und Güte behandelte. Dieses ist um so mehr von ihm zu rühmen, als man dergleichen nicht auf allen Schiffen findet.

Durch meinen neuen Freund W....... als Dollmetscher erfuhr ich von unserem Capitaine Higgins, daß seine Lila (so hieß das Schiff) in Baltimore gebaut und ein sehr gutes Fahrzeug sey und er mit demselben schon die Reise von Havre nach New-York in 20 Tagen gemacht habe, was für uns Beide nicht unangenehm zu hören war.

So zuvorkommend sich der Capitain im Ganzen gegen mich benahm, so fiel mir doch sehr auf, daß er gleich im Anfange unserer Bekanntschaft mit lautem Lachen ausrief: »*the mustaches!*« Unangenehm berührt fragte ich meinen Freund W......., was dieses Benehmen zu bedeuten habe? Noch lauter lachend setzte mir dieser nun auseinander, daß der gute Higgins sich über meinen »Schnurrbart« freue, der in New-York gewiß viel Aufsehen erregen werde. Obschon ich bereits aus dem Spiegel die Ueberzeugung gewonnen hatte, daß der Schmuck meiner Oberlippe keine besondere Bewunderung verdiene, so verdroß mich doch der Scherz, der mir von einem Fremden unartig schien, was Beider Heiterkeit nur noch mehr steigerte. Endlich theilte mir W....... mit, daß kein Amerikaner einen Schnurrbart [1] trage, und dem Inhaber eines solchen die Kinder in New-York ebenso nachliefen, wie deutsche Dorfjungen einem Mohren. Diese Auseinandersetzung bewog mich, sofort in's Zwischendeck hinabzusteigen und mich meiner Zierde zu entledigen.

[1]: Der Schnurrbart ist seit jener Zeit auch in Amerika emancipirt worden, da sich viele Europäer, namentlich die Franzosen, mit stoischem Gleichmuth über den Spott der Amerikaner hinwegsetzten.

Drittes Capitel.

Die Einquartierung. Die Seekrankheit. Mittel gegen dieselbe.

Die Schiffsgesellschaft bestand nur aus Deutschen (hauptsächlich Baiern, Hessen, Würtembergern und Elsässern). Der sogenannte gebildete Stand war unter ihnen gar nicht vertreten, da außer einem katholischen Geistlichen aus Tyrol nur Bauern und einige junge Handwerker an Bord waren. Unter ihnen fand ich jedoch ganz wackere und brave Leute, mit denen man recht gut verkehren konnte. Diese wurden zufälligerweise größtentheils meine Bettnachbarn.

Die ersten Unannehmlichkeiten hatten wir mit einem Elsässer Bauern, der im Vereine mit seinem Knechte eine unübertreffliche Grobheit zu entwickeln verstand. Dieser Mann hatte nämlich die appetitliche Einrichtung getroffen, daß seine Frau die theuern Häupter ihrer lieben Kinderchen auf einem Koffer in der Nähe unserer Bettstellen auf's sorgfältigste untersuchte, da sie gewissen kleinen Thierchen, die man nicht gerne nennt, einen blutigen Tod geschworen hatte. Erst nach Beschwerdeführung beim Capitain wurde der Schauplatz dieser unterhaltenden Beschäftigung an einen anderen Ort verlegt; wir sollten aber unserem Geschicke trotz aller Vorsicht doch nicht entgehen, denn wir erhielten, da an strenge Erhaltung der Reinlichkeit bei dem Zusammendrängen so vieler Menschen auf einen so kleinen Raum nicht zu denken ist, späterhin dieselbe Einquartierung, die sich bereits bei unserer guten Elsässer Bauersfrau so mißliebig gemacht hatte. Das ist eines von den kleinen Leiden des menschlichen Lebens, dem ein Zwischendecks-Passagier nicht wohl entgehen kann.

Eine weitere Unannehmlichkeit, von der jedoch Manche, wie der Verfasser selbst, verschont blieben, ist die schon oft beschriebene Seekrankheit. Gegen diese gibt es leider kein Cardinalmittel! der Kranke muß sich eben geduldig in sein Schicksal fügen. Jedoch will ich hier nicht unterlassen, meinen Lesern, die allenfalls noch eine Seereise zu machen gedenken, meine Erfahrungen über die Art, wie man ihr wenigstens in Etwas begegnen kann, mitzutheilen. Der Zwischendecksreisende suche seinen Platz in der Mitte des Schiffes zu erhalten, da hier bei unruhiger See immer die wenigste Schwankung und geringste Erschütterung ist. Ferner halte man sich so wenig als möglich im Zwischendecke auf, weil in diesem trotz aller Fürsorge bei der Ausdünstung so vieler Menschen nie die Luft ganz rein seyn kann. Selbst wenn die See stürmisch geht, bleibe man auf dem Verdecke und sehe der wilden Bewegung der Wasser möglichst ruhig zu, damit der Schwindel ferne bleibt. Als sehr praktisch habe ich auch gefunden, den Bewegungen des Schiffes, namentlich wenn sie heftig sind und von der Seite kommen, mit dem Körper nachzugehen, damit der Magen nicht zu sehr erschüttert wird. Läuft das Schiff unter günstigem Wind, so kann ich das Hinabschauen von den Seiten des Schiffes in die See als ein Mittel empfehlen, welches ebenfalls den Schwindel entfernt hält. Viele haben als Präservativmittel einen äußerst mäßigen Genuß von Speisen und Getränken empfohlen; ich habe aber hiervon eher die entgegengesetzte Wirkung beobachtet. Der beste Rath ist wohl der, sich zur See aller der Speisen zu enthalten, zu denen man keinen Appetit hat oder vor denen man gar Ekel empfindet. Obschon ich gänzlich von der Seekrankheit befreit blieb, mußte ich mir doch den Genuß von Kaffee und Wein versagen, da ohnfehlbar Erbrechen erfolgt wäre. Gutes Bier ist den Seekranken am willkommensten, da es der Magen am wenigsten wieder ausstößt; leider ist der Transport beschwerlich, da man es nur in Flaschen mit sich führen kann.

Wer von der Seekrankheit verschont bleibt, hat wirklich alle Ursache, sich zu gratuliren, denn abgesehen davon, daß dieser Zustand mit vielen Leiden verbunden ist, entzieht er uns den Genuß aller Reize und Schönheiten, die die See darbietet. Am meisten überraschte mich ihr schneller Eintritt bei vielen meiner Mitreisenden. Kaum hatte uns das Dampfschiff, welches uns aus dem Hafen des Havre gebracht hatte, im Canale unserem Schicksale überlassen, als sich mit dem Schwanken des Schiffes die von Allen gefürchtete Seekrankheit einstellte. Freund W....... und ich hatten uns zu einem jungen Tischler gesellt, welcher mit einem schönen reinen Tenor Prochs Alpenhorn mit Guitarrebegleitung zum Besten gab. Der größte Theil der Passagiere lauschte den schönen Tönen; aber noch war das Lied nicht zur Hälfte beendigt, als von jeder Seite des Schiffes 10-12 Köpfe in die See hinabschauten, um die von ihnen ohnlängst genossene Nahrung den Fischen als willkommenes Futter zu spenden.

Einige wurden gleich am ersten Tage von der Seekrankheit mit solcher Heftigkeit befallen, daß sie während der ganzen Reise das Bett nicht verlassen konnten, und bei der Ankunft in New-York so matt waren, daß sie nicht aufrecht zu stehen vermochten. Selbst der geistliche Hirte blieb von der Krankheit, die den größten Theil seiner Heerde befallen hatte, nicht verschont, und es nahm sich gar possirlich aus, wenn er mit langem schwarzen Rock, schwarzen kurzen Hosen und Kanonenstiefeln angethan sein Haupt neigte, um der Urquelle ihre Spenden zurückzugeben.

Viertes Capitel.
Angst und Vaterfreuden. Eine Kindtaufe und ein Taufschein.

Vierzehn Tage lagen hinter uns, als uns ein Ereigniß überraschte, welches viele Heiterkeit erregte. Wir hatten nämlich auch einen Bauernburschen mit an Bord, der mit seiner Geliebten, einer runden Dorfschönen, sein Heil in Amerika versuchen wollte, da ihre Liebe Früchte zu tragen versprach, und ihnen die Erlangung des Heirathsconsenses zu Hause unmöglich war. Wider Erwarten des Mädchens stellten sich in Folge der Reise etwas früher die Wehen ein, welche ihren getreuen Liebhaber, der mit geistigen Gaben nicht besonders gesegnet war, und in dieser Hinsicht wohl auch noch keine besonderen Erfahrungen gesammelt haben mochte, in nicht geringe Angst und Verlegenheit versetzten. Freund W....... erbarmte sich seiner und nahm mit unserem menschenfreundlichen Capitain Rücksprache, welcher sofort dem Schiffszimmermann die Errichtung einer Bettstelle befahl, welche durch umhergehängte Segeltücher von dem übrigen Zwischendecke abgeschlossen wurde. Kurze Zeit darauf hörten wir einen jungen Republikaner und Bürger der Vereinigten Staaten [2] in dem künstlich geschaffenen Kabinette schreien, und unsere Reisegesellschaft hatte nun trotz aller Matrosen und Gensdarmen ein Mitglied unter sich, welches keine Ueberfahrtskosten zu entrichten hatte.

[2]: Kinder, welche auf amerikanischen Schiffen geboren werden, haben dieselben Rechte, wie diejenigen, welche in Amerika das Licht der Welt erblicken.

Bald nach der Geburt kam der glückliche Vater auf Freund W....... und mich zu, um von uns in Betreff der Taufhandlung sich einen Rath zu erbitten. Wir zeigten auf den katholischen Priester hin, der gemächlich, die Hände auf den Rücken gelegt, auf dem Verdecke hin und her gieng. Aber ein frommes Entsetzen ergriff den guten Menschen bei dem Gedanken, daß er als Protestant sein Kind von einem römisch-katholischen Geistlichen taufen lassen sollte. »Sind Sie denn evangelisch?« fragte er uns ängstlich, und erst, als wir Beide bejaht hatten, klärte sich sein Antlitz wieder auf. »Kann denn der das Kind evangelisch taufen?« fragte er abermals. Da wir der Ansicht waren, daß wir ihm nur mit großer Mühe eine richtige Anschauung der Sachlage eintrichtern könnten, erklärten wir ihm, daß wir es statt seiner besorgen wollten, daß der »katholische« Pfarrer sein Kind »evangelisch« taufe. Wir wandten uns nun mit der Bitte an den Priester, daß er das Kind in die »christliche« Kirche aufnehmen möge, was er denn auch für den nächsten Sonntag richtig zusagte.

Der hohe Festtag war erschienen, und das Schiff lag wegen eingetretener Windstille ruhig auf der spiegelglatten See. Der Capitain hatte sich selbst zu

Gevatter gebeten, was der Bauer als eine große Ehre freudig annahm. Eine Tonne wurde auf dem Raume vor der Cajüte aufgestellt, mit Brettern belegt und mit einem großen weißen Tuche bedeckt. Ein Crucifix wurde ebenfalls mit dem nöthigen Taufgeschirr herbeigeschafft, welches seine Dienste that, obschon es nur aus einem Waschbecken und einer Obertasse bestand. –

Indessen gieng es im Zwischendecke munter zu. Alles, was gesund war, machte sich an seine Toilette; die Männer rasirten sich, die Weiber flochten sich die Haare, der Herr Pfarrer wichste die Kanonenstiefeln und packte seinen neuen schwarzen Anzug aus, und der Capitain warf sich in der Cajüte in fashionablen Frack und »Unaussprechliche.«

Als Alles zum feierlichen Akte vorbereitet war, ließ der Capitain mit der Schiffsglocke ein Zeichen geben, und langsam gieng es aus dem unteren Raume auf das Verdeck, auf dem sich die Versammlung in zwei langen Reihen aufstellte.

Die Rede des Geistlichen und die Taufhandlung war einige Stunden vorüber, als unser Bauer mit rothem Kopfe und einem Blatt Papier in der Hand auf W....... und mich zukam und uns einen Taufschein überreichte, der ihm auf sein Verlangen vom Pfarrer ausgestellt worden war. Derselbe enthielt die Bestätigung, daß das Söhnlein des Bauern N. N. in die Gemeinschaft der heiligen römisch-katholischen Kirche aufgenommen worden sey. Nun war uns die Sache doch nicht mehr zum Spaßen, als wir sahen, daß uns ein Jesuitenstücklein gespielt worden sey, welches der Herr Pfarrer in Innsbruck erlernt haben mochte; wir nahmen deßhalb den Taufschein zu uns, und ich schrieb einen zweiten, in welchem ausdrücklich bemerkt war, daß von dem katholischen Priester N. N. das Kind in die Gemeinschaft der »christlichen« Kirche aufgenommen worden sey. Nachdem dieses neugeschaffene Dokument vom Capitain als Pathen, von dem Vater und der Mutter des Kindes als Eltern und von W....... und mir als Zeugen unterschrieben war, gaben wir es erst dem Herrn Pfarrer zur Unterschrift, der sich dem Geschäft mit saurem Gesichte unterzog, worauf in seiner Gegenwart der von ihm geschriebene Taufschein über Bord flog.

Jetzt erst war das tiefgeängstigte Elternpaar wieder guten Muthes. Die ganze Geschichte wurde aber, trotz aller Bemühungen, sie geheim zu halten, auf dem Schiffe ruchbar, und die nächste Folge davon war die, daß, als eine zweite Frau 14 Tage später ebenfalls gebar, der Vater des Kindes dasselbe um keinen Preis von dem Pfarrer taufen ließ, sondern fest erklärte, ihm erst in Cleveland, seinem künftigen Wohnsitze, von einem evangelischen Prediger die Weihe der Kirche ertheilen lassen zu wollen.

Fünftes Capitel.

Ein Sturm. Damenhüte. Bemerkungen über die Einwanderung in Nord-Amerika.

Bis hieher war unsere Reise eine durchaus angenehme; wir hatten immer gutes Wetter und einige Tage Windstille ausgenommen immer günstigen Wind, so daß die Hälfte der Reise wider Erwarten rasch gemacht war. Wir sollten aber auch etwas von den ernsten Unannehmlichkeiten und Gefahren des Seelebens kosten, nämlich einen Sturm. – Schön hatte der Tag geendet, und Alles war bis auf die Matrosen in tiefen Schlaf versunken, als sich der Wind drehte. Gegen Morgen war der Sturm in vollem Anzuge. Das laute Commando des Capitains, das Geschrei und der Gesang der Matrosen, die bei dem Nahen der Gefahr eine ganz besondere Munterkeit befällt, wie das schrille Pfeifen des Windes weckten Alles im Zwischendecke. Jedes fuhr schnell in die Kleider, um sich auf dem Verdecke von dem Gange der See zu überzeugen. Die neugierigere und zartere Hälfte des menschlichen Geschlechts kam zuerst im Negligé die Schiffstreppe hinauf. Kaum aber hatten die Weiber die Köpfe aus den Lucken gesteckt, und das Aechzen der Masten und Raaen, sowie das Brausen der daherrollenden Wogen gehört, als sie sämmtlich nach Unten eilten, und durch ihr furchtbares Zedergeschrei alle noch schlafenden Kinder aufweckten, welche den Chorus nach Leibeskräften verstärken halfen. Rasch stieg ich nun auf das Verdeck, um zu sehen, ob Gefahr vorhanden sey; aber kaum war ich oben angelangt, als ich mir beim Anblick der tobenden See meine Unerfahrenheit in solchen Dingen sofort eingestehen mußte.

Mein Freund W....... kam auf mich zu und theilte mir mit, daß der Capitain guter Dinge sey und ihm versichert habe, daß sein Schiff dergleichen Stürme auf jeder Reise zu bestehen hätte. Ganz ermuthigt versuchte ich nun, auf dem Verdecke, das von hereingeworfenem Seewasser so schlüpfrig geworden war, daß man kaum darauf gehen konnte, in die Nähe einiger Passagiere zu gelangen, als auf einmal eine große Welle gegen die linke Seite des Schiffes heranrollte, dasselbe in die Höhe hob, das ganze Verdeck mit Wasser überschüttete und mich auf die rechte Seite des Schiffes hinabschleuderte, daß ich in die tobende See hinausgestürzt wäre, hätte ich mich nicht noch instinktartig an der Gallerie, die um die Cajüte lief, angeklammert. Ein Matrose sprang mir zur Hülfe und brachte mich zur Lucke, durch die ich sehr kleinlaut und gequält von Schmerzen am ganzen Körper hinabstieg, um mich auf meine Matratze von Seegras zu begeben und daselbst über meine unberufene Neugierde nachzudenken.

Inzwischen hatte der Sturm zugenommen. Weiber und Kinder schrieen nach Leibeskräften; eine Wassermenge um die andere stürzte durch die

Lucken, die man nicht verschließen durfte, wollte man uns nicht der Gefahr des Erstickens Preis geben. Durch das heftige und rasche Hin- und Herschwanken des Schiffes machten sich, um die Verwirrung und den Lärmen noch größer zu machen, auch noch Koffer, Kisten und sonstige Reiseeffekten von den Stricken los, mit denen sie befestigt waren, und rollten von einer Seite zur andern. Zugleich rauschte bei jeder Bewegung des Schiffes das Wasser im Zwischendeck herüber oder hinüber, was für die meisten Ohren keine sehr erfreuliche Musik war.

36 Stunden hatte der Sturm so getobt, während welcher Zeit ich mich nur von rohem Schinken und Schiffszwieback nährte, da man an Kochen gar nicht denken durfte. Die meisten Passagiere, namentlich die Weiber und die Kinder, genossen aber, so lange das Unwetter währte, aus Angst und Jammer gar nichts und viele Andere konnten das wenige Genossene nicht bei sich behalten, da sie von der Seekrankheit im höchsten Grade befallen waren.

Als ich das Verdeck wieder betrat, war bereits wieder ein Segel an dem Hauptmast erschienen. Die See ging aber, obschon der Wind bedeutend von seiner Heftigkeit verloren hatte, noch volle 24 Stunden hoch, und löschte uns einmal um's anderemal unser mühsam gemachtes Feuer wieder aus, das dem öden Magen eine warme Suppe verschaffen sollte. –

Aber welches Schauspiel wäre Dir, lieber Leser, geboten worden, hättest Du jetzt einen Blick in das Zwischendeck werfen können! Blasse Gestalten krochen hie und da aus den Bettstellen, um in allen Winkeln des Schiffes ihre entführten Siebensachen aufzusuchen. Nun entstand erst das rechte Seufzen und Wehklagen, als Viele, die ihre Vorräthe und ihr Gepäcke nicht vorsichtig genug befestigt hatten, den ungeahnten Schaden bemerkten. Namentlich gieng viel Wein verloren, den man in großen eingeflochtenen gläsernen Flaschen mitgenommen hatte, die natürlich eine Carambolage mit einem Koffer oder einer Kiste nicht auszuhalten vermochten. Schiffszwieback, vom Seewasser durchweicht, und Unrath aller Art war über den ganzen Boden verstreut, und gab uns eine angenehme Aussicht auf appetitliche Beschäftigung. Mehrere Tage vergiengen, ehe Alles wieder im alten Gleise war.

Den größten Verlust hatte aber unstreitig eine deutsche Putzhändlerin aus Paris erlitten, die mit mehreren Dutzend Damenhüten vom feinsten Stoffe, welche mit täuschend nachgemachten Blumen verziert waren, nach New-York auszuwandern beschlossen hatte, um die amerikanischen Ladys mit den Erzeugnissen ihrer Kunst zu beglücken. Sie hatte die Unvorsichtigkeit begangen, die in einfache Pappschachteln verpackten Hüte unter ihrem Bette zu verwahren, wo sie von dem Seewasser total verdorben wurden. Manches Frauenherz wäre gewiß bei dem Anblick des so unbarmherzig vernichteten Putzes tief bewegt worden! Das ist das Loos des Schönen auf der Erde.

Die Passagiere waren fast ohne Ausnahme vermögende Leute; Einzelne führten sogar Reichthümer mit sich. Manchem Finanzmanne möchte ich den Rath geben, einmal auf einem Auswandererschiffe die Reise nach New-York mitzumachen, damit er nach der Ankunft in Amerika bei der Visitation des Gepäckes durch die Zollbeamten die großen Geldsäcke mit eigenen Augen sehen könnte, welche durch die Auswanderer in die Fremde geschafft werden. Die Amerikaner haben nur zu wohl die ungeheuere Wichtigkeit der Einwanderung erkannt und begünstigen sie auf alle Weise. Ihnen ist der Reiche wie der Arme willkommen; der erstere bringt Capitalien, der letztere Arbeitskräfte mit, die in diesem Lande, in welchem noch so Manches in der Kindheit liegt, trotz der täglichen Ankunft so vieler Menschen immer noch ihren Werth behauptet haben, wenn sie sich nur geschickt zu vertheilen wußten.

Nach einer Berechnung soll im Jahre 1847 eine Baarsumme von 5,000,000 fl. allein von Deutschen in Amerika eingeführt worden seyn, was Niemand Wunder nehmen wird, der weiß, wie viel reiche Grundbesitzer in diesem Jahre auswanderten. Jedes Jahr nimmt die Auswanderung zu, und hat selbst im Jahre 1848, wo sich doch der Verwerthung von Gütern und Grundbesitz so bedeutende Schwierigkeiten entgegensetzten, einen so hohen Grad erreicht, daß die Bevölkerung Nord-Amerikas in diesem Einen Jahr um 10 Prozent stieg.

Die große Ausfuhr von Baargeld wird mit der Zeit ohne Zweifel sehr fühlbar werden, denn wenn wir auch gerne zugestehen, daß der Hauptreichthum unserer Nation in dem Ackerbau besteht, so wird doch Niemand behaupten wollen, daß wir die Industrie entbehren können und diese ohne flüssige Capitalien arbeiten kann.

Sechstes Capitel.

Napoleon. Baldiges Ende der Seereise. Unerwarteter Aufenthalt. Land. Die New-Yorker Piloten.

Gerne verkehrten W....... und ich mit einem Bauer aus Schwaben, der eine große Gemüthlichkeit, einen guten Humor und einen gesunden Menschenverstand besaß. Er hatte lange als Bauernknecht im Würtembergischen gedient und sich durch Sparsamkeit ein kleines Vermögen erworben. Auf unsere Frage, was ihn zur Auswanderung bestimmt hätte, erzählte er uns, daß ein Schul- und Ortskamerade von ihm vor Jahren nach Amerika ausgewandert sey und ihm geschrieben habe, daß er hinüberkommen solle, da er in Deutschland doch nur ein Lump bleibe, während er drüben wie Napoleon leben könne. Von jenem Augenblicke an hieß er, da uns einige Spottvögel zugehört hatten, allgemein der Napoleon, und wir lachten oft auf's Herzlichste, wenn ein deutscher Matrose aus dem Holsteinischen, mit dem er enge Freundschaft geschlossen hatte, in's Zwischendeck hinabrief: »Napoleon! gehe herauf! Du mußt Holz hauen und Erdäpfel abschälen.«

Wir näherten uns allmählig dem Ende unserer Reise. Ohne zu wissen, unter welchem Längen- und Breitengrade wir schwammen, bemerkten wir doch, als wir noch ungefähr 2-300 engl. Meilen von der Küste entfernt waren, daß die Küste nahe sein müsse, da eine auffallende Menge von Schiffen in unserem Gesichtskreise segelte, während wir früher oft in 8 Tagen nur 2-3 Schiffen begegnet waren.

Endlich gab uns der Capitain die längst ersehnte Kunde, daß wir am anderen Tage Land erblicken würden. Nun war Alles in der freudigsten Bewegung; bessere Kleider wurden aus den Koffern genommen; alte, auf der Reise abgebrauchte Gegenstände flogen in die See und ringsherum sah man fleißige Hände, die sich eigener und fremder Verschönerung befließen. Die meiste Mühe machte die Reinigung der Haut von einem fettigen Schmutze, den das Seewasser beim Waschen zurückläßt, da Süßwasser hiezu nicht verwendet werden darf. Ich machte lange vergebliche Versuche mit einem Handtuch und einem großen Stück Seife zum allgemeinen Ergötzen der Matrosen, die laut auflachten, daß ich mich vergeblich roth wie ein gesottener Krebs gerieben hatte, und meine Bemühungen wären wohl erfolglos geblieben, hätte sich der Landsmann aus Holstein nicht erbarmt und mir eine eigene Art Seife und einen wollenen Fleck gebracht, welche allein dem Körper die lange entbehrte Reinlichkeit wieder geben können.

Die geehrten Leser werden der Versicherung wohl Glauben schenken, daß wir Alle ohne Ausnahme die Nacht in großer Unruhe hinbrachten. Eigene Gefühle belebten das Herz bei dem Gedanken, in Bälde das neuerwählte Vaterland, dem Alle hoffnungsvoll entgegeneilten, vor Augen zu haben. Dazu kam noch die Freude, die lange, wenn auch immerhin glückliche Seereise mit ihren Gefahren und Entbehrungen überstanden zu haben; W.......s, wie meine eigene poetische Natur, deren kühner Flug sich auf der Reise manchmal zum Ueberirdischen aufzuschwingen versucht hatte, sank jetzt auf einmal zum Gemeinen herab und freute sich auf ein Stück frisches Rindfleisch und ein gutes Glas Bier, während die Frauen laut jubelten bei der sich öffnenden frohen Aussicht auf – Milch zum Kaffee.

Fröhlich sprangen wir schon Morgens 4 Uhr aus den Betten, um das gelobte Land zu erblicken; aber leider war unsere Hoffnung zu Wasser geworden, denn in der Nacht hatte sich ein neidischer Nebel über die See gelagert, der uns die Aussicht gänzlich versperrte. Traurig stand ich auf dem Verdeck, als Freund W....... meinen Aerger noch durch die Mittheilung vermehrte, daß der Capitain Befehl gegeben habe, Anker auszuwerfen, da er um keinen Preis bei dem trüben Wetter näher an die gefährliche und klippenreiche Küste fahren, sondern einen Piloten erwarten wolle. Den ganzen Tag mußten wir so in einer unerträglichen Langeweile hinbringen, ohne einen Fußbreit vorwärts zu kommen, da es sich durchaus nicht aushellte. Als der Abend hereingebrochen war, ließ der Capitain einige Raketen steigen, um einen Lotsen an Bord zu bekommen, was denn auch zu Aller Freude in der Nacht gelang.

Dieser unvermuthete Aufenthalt in der Nähe der Küste war uns um so unangenehmer, als wir gerne am 3. Juli in New-York angelangt wären, um am nächsten Tage das große Fest mitzufeiern, welches die Amerikaner zu Ehren und zum Gedächtnis der am 4. Juli 1776 von ihren Vätern in Philadelphia gegebenen Unabhängigkeitserklärung von England mit großem Pompe begehen.

In der Nacht des 2. Juli war der Pilot erst an Bord gestiegen, und es fragte sich sehr, ob uns ein günstiger Wind in den nächsten 48 Stunden an's Land treiben würde. Der Capitain lächelte stillvergnügt zu unseren betrübten Gesichtern, hatte aber ganz im Geheimen bereits Vorsorge getroffen, sie bald wieder aufzuklären.

Als wir am anderen Tage von unseren zerlegenen und sehr hart gewordenen Matratzen auf das Verdeck eilten, hatte sich der Nebel gänzlich gelegt, und – ein lauter Schrei des Entzückens entfuhr uns, als wir im herrlichsten Sonnenschein Sandy Hook mit seinen 3 Leuchtthürmen vor uns erblickten. Reichlich waren wir für das Unangenehme der letzten Tage entschädigt. Die Staffage dieser herrlichen Seepartie bildeten Hunderte von Schiffen, welche theils wie wir vor Anker lagen, theils von Dampfschiffen der Bay von New-York zugeführt wurden. Weithinaus war das Meer, so weit nur das Auge reichen konnte, mit kleinen Fahrzeugen übersäet, welche theils

Pilote, theils rüstige Fischer trugen, die die ungeheure Stadt täglich mit frischen Seefischen versehen.

Es sey mir gegönnt, hier Einiges über die New-Yorker Piloten zu sagen. Diese kühnen Männer, welche nicht allein die genaueste Kenntniß der Küste mit ihren Klippen und Untiefen, sondern eine eben so gute seemännische Bildung, wie die Capitaine selbst, haben müssen, da sie sofort nach ihrer Ankunft an Bord das Commando des Fahrzeugs übernehmen, bilden in New-York ein wohlorganisirtes Corps. Ihre Dienstzeit ist ihnen regelmäßig vorgeschrieben und ihr Nahrungsstand gesichert, ob sie nun im Jahre viele oder wenige Schiffe einbringen. In kleinen, aber scharf und schlank gebauten, daher auch sehr schnell segelnden Fahrzeugen kreuzen sie oft mehrere Tage und Nächte in der Nähe der Küste, ja sie wagen sich oft 3-400 engl. Meilen in die offene See hinaus, um ihr menschenfreundliches Geschäft auszuüben. Selbst beim stürmischsten Wetter halten sie das hohe Meer, um hülfsbedürftigen Schiffen Rettung bringen zu können. Der Muth und die Verwegenheit dieser Männer übersteigt allen Glauben, sowie ihre Erfahrung und Sicherheit allgemeine Bewunderung erregt.

Hier möge auch einer That Erwähnung geschehen, welche nicht allein Amerika, sondern auch Europa mit gerechtem Erstaunen erfüllte. Ein New-Yorker Pilot unterzog sich dem gefährlichen Geschäfte, mit seinem Boote [3] Nachrichten von Wichtigkeit eher nach dem 3000 engl. Meilen entfernten Liverpool zu bringen, als es dem abgehenden Dampfschiff, welches die Reise gewöhnlich in 13-14 Tagen macht, möglich wäre. Er kam nun zwar später als das Dampfschiff in England an, aber die in Liverpool anwesenden Seeleute von allen Nationen der Erde staunten über die Kühnheit einer That, die auszuführen bis zu dieser Stunde noch keiner für möglich gehalten hatte.

[3]: *Pilotboat.*

Die New-Yorker Piloten sind, da viele von ihnen als Capitaine weite und gefahrvolle Reisen nach allen Welttheilen gemacht haben, nicht allein kühne, sondern auch sehr gebildete Leute, und unterscheiden sich darin wesentlich von den Lotsen anderer Länder, die zwar auch eine genaue Kenntniß ihres Terrains, aber nicht den Takt und das Benehmen haben, welches bei den New-Yorker Piloten einen so wohlthuenden Eindruck macht.

Siebentes Capitel.

Schilderung der Küste. Staatenisland. Die Makler in New-York.

Wir waren sämmtlich noch im Anschauen der reizenden Küste versunken, als sich uns ein Dampfschiff näherte, welches uns in den Hafen schleppen sollte. Es hatte den Quarantainearzt an Bord, der den Gesundheitszustand unseres Schiffes untersuchte und denselben bis auf wenige Seekranke vortrefflich fand, weßhalb er uns sofort die Erlaubniß zum Einlaufen ertheilte. Nun war Alles von frohen Empfindungen bewegt; selbst Diejenigen, welche seit vielen Wochen nicht auf das Verdeck gekommen waren, ließen sich herausführen, um mit den Anderen die herrliche Küste und die Bay von New-York zu bewundern, in die wir bald gelangen sollten.

Plötzlich brauste der Dampf aus dem Rauchfange des Steamers und vorwärts gieng es dem Lande zu. Wir kamen an mehreren Schiffen vorüber, die ebenfalls Auswanderer an Bord hatten; ein fröhliches, herzliches Hurrah, welches wir jedesmal munter erwiderten, ertönte, so oft wir vorbeifuhren. Als wir Coonyisland, eine kleine Insel, welche die New-Yorker im Sommer fleißig zum Gebrauche der erfrischenden Seebäder besuchen, aus den Augen verloren hatten, näherten wir uns allmählig der schmalen Einfahrt (Harbour), die man nothwendigerweise passiren muß, wenn man in die Bay von New-York gelangen will. Dieser wichtige Punkt, der Schlüssel von New-York, ist von den Amerikanern natürlich bedeutend befestigt worden. Zu unserer Rechten erblickten wir auf einem ziemlich steilen Hügel das Fort Hamilton mit seinen Casematten und bombenfesten Kasernen, dessen Kanonen drohend auf uns herabblickten. Lustig flatterte von den Batterieen das stolze Sternenbanner der Republik. Zur Linken waren ebenfalls dicht an der Küste starke Werke sichtbar, und um jedes Eindringen von der Seeseite unmöglich zu machen, liegt fast in der Mitte der Einfahrt ein anderes massives und bombenfestes Fort, welches im Vereine mit den Strandbatterieen feindlichen Schiffen sicheres Verderben droht.

Als wir endlich in die Bay selbst gelangten, erblickten wir das liebliche Staatenisland mit seinen freundlichen Villen und Gartenanlagen, welches nebst Hoboken der Haupt-Sommeraufenthalt der New-Yorker ist. Fast alle vermögenden Kaufleute bringen hier mit ihren Familien die heißen Sommermonate zu. Jeden Morgen fahren sie von da mit den regelmäßig gehenden Dampfschiffen zur Stadt, um ihre Geschäfte zu besorgen, und kehren dann um 3 Uhr, zu welcher Stunde die größeren Geschäfte geschlossen werden, zurück.

In Staatenisland muß die Quarantaine abgehalten werden, wenn dem Quarantainearzt der Gesundheitszustand der Passagiere nicht befriedigend scheint. Die auf der Insel befindlichen Hospitäler, die eine große Anzahl

Kranker aufnehmen können, sind oft überfüllt, namentlich war dies im Jahre 1847 der Fall, in welchem hauptsächlich in den von England und Irland kommenden Schiffen das Schiffsfieber in grauenerregender Art grassirte.

Ohngeachtet unsere Aufmerksamkeit jeden Augenblick auf einen neuen interessanten Gegenstand hingelenkt wurde, fiel uns doch der geringfügige Umstand auf, daß 4-5 Kähne unserem Schiffe beständig zur Seite blieben. Mein Freund W......, wie immer thätig und wacker für mich sorgend, theilte mir mit, daß sich in diesen Booten die verrufenen und berüchtigten deutschen Makler befänden, welche den ankommenden Schiffen 5-6 Meilen entgegenfahren, um sich ihre Opfer schon auszusuchen, ehe sie nur das Land betreten haben. Viele Capitaine erlauben ihnen, an Bord zu kommen, damit durch sie die Passagiere möglichst rasch vom Schiffe geschafft werden; unser Higgins aber war zu redlich und brav, um diesen unsauberen Gesellen den Zutritt zu seiner Lila, deren reinen Namen er nicht von ihnen beflecken lassen wollte, zu gestatten. Ihre anfängliche Höflichkeit verwandelte sich nach erhaltener abschläglicher Antwort sofort in die gemeinste Rohheit, und unser guter Capitain würde sich wohl über den Reichthum unserer Muttersprache an Schimpfwörtern gar sehr gewundert haben, hätte er dieselbe verstanden.

Bald erblickten wir auch das freundliche New-Jersey und die Castelle von Governers-Island und Battery, sowie die Masten unzähliger Schiffe, welche uns die Aussicht auf die Stadt versperrten. Gelingt es auch dem Feinde, durch die Einfahrt in die Bay zu dringen, so erwartet ihn ein zweites verheerendes Kreuzfeuer in derselben, welches ihm die Einnahme wohl unmöglich machen dürfte, obschon die Stadt an und für sich gänzlich frei und offen daliegt.

Endlich waren wir in dem Northriver, dem einem Arme des Hudson, eingelaufen; unser Schiff machte eine Wendung und wir lagen am Docke. Kaum aber hatten die Matrosen die Schiffstreppe an der einen Seite hinabgelassen, als die uns treu zur Seite gebliebenen Makler an Bord kamen und ihr feines Gewerbe begannen. Wie diese Art Menschen ihren Köder auswirft, um gutmüthige Leute zu fangen, welche von ihren Prellereien nichts ahnen, will ich aus eigner Erfahrung erzählen.

Nach ihrer Ankunft auf dem Schiffe stellten sie zuerst gleichgültige und unbedeutende Fragen an die Passagiere, um aus dem Dialekte zu errathen, aus welchem Theile Deutschlands sie kämen. »Ah! Sie sind auch ein Sachse, Preuße, Bayer, Hesse u. s. w. Das ist schön, da sind wir ja Landsleute!« Dann vertrauten uns diese edlen uneigennützigen Seelen das schon bekannte Geheimniß an, daß Makler am Bord seyen. »Nehmen sie sich in Acht vor diesen verrufenen Menschen! Mir können Sie Ihr Vertrauen schenken, da mich einzig und allein die Sehnsucht nach Landsleuten auf das Schiff geführt hat, die mir etwas Neues aus der theuern Heimath melden könnten. Ach, Deutschland bleibt doch immer schön!« Auf diese Weise ist nicht allein der Angesprochene, sondern auch jeder Unerfahrene gefangen, der im Kreise um den Gauner herumstand, um seinen gemüthlichen Worten zu lauschen.

Die Makler sind fast ohne Ausnahme in den Diensten derjenigen Wirthe, welche in der Nähe des Hafens wohnen und einzig und allein von den Einwanderern leben. Sie suchen daher durch alle möglichen Kunstgriffe die neuen Ankömmlinge in das Haus desjenigen Gastwirths zu locken, mit dem sie in Geschäftsverbindung stehen. Diese Menschen verlangen natürlich für ihre Leistungen eine gute Bezahlung, die ihnen der Wirth leisten muß, da durch Geldforderung von ihrer Seite die Auswanderer mißtrauisch werden würden. Es ist nicht selten, daß ein gewandter Makler monatlich von dem Wirth, dem er die Opfer liefert, 30 Dollars [4] nebst Kost und Logis erhält, die natürlich wieder den Einwanderern abgenommen werden. Nebenbei wissen sie auf die gewandteste Weise den Ankömmlingen das Geld aus der Tasche zu spielen und sie in verdrießliche Händel zu verwickeln, um ihre Hülfe und Unterstützung in Anspruch genommen zu sehen, die natürlich reichlich bezahlt werden muß, wie überhaupt alle ihre Dienste sechsfach vergütet werden müssen; so sah ich z. B., wie sie einem Landmann das halbvolle Glas zum Trinken reichten, für welche Ehre demselben eine volle Flasche Rheinwein abgepreßt wurde.

[4]: Ein Dollar = 2 fl. 30 kr. oder 1 Thlr. 13 Ngr.

Für das Eigenthum sind sie theilweise äußerst gefährliche Menschen; am besten thut man, wie dies allen Reisenden immer wieder empfohlen werden darf, durchaus kein Geld sehen zu lassen, denn sie liegen dem, bei welchem sie edles Metall vermuthen oder erblickt haben, in ihrer zudringlichen und ekelhaft widrigen Manier so auf dem Halse, daß er ihnen nur durch eine Wohnungsveränderung entgehen kann.

Eine weitere Erwerbsquelle dieser Menschen ist ihre Verbindung mit den verschiedenen Dampfschifffahrts-Gesellschaften und Eisenbahn-Compagnien, welche unter sich concurriren und deßhalb auf das Capern von Passagieren ausgehen, welches ebenfalls von den Maklern besorgt wird. Dieses Geschäft ist für sie das einträglichste, da sie oft 20-30 Passagiere in die Comptoirs dieser Gesellschaften führen, um Fahrbillets nach allen Theilen der Vereinigten Staaten zu lösen, für welchen Dienst sie *pro* Kopf je nach Verhältniß einen halben oder einen ganzen Dollar erhalten. Einzelne Makler haben sich auf diese Weise schon ein hübsches Vermögen gesammelt, obschon die meisten von ihnen liederliche und arbeitsscheue Gesellen sind, welche in den Wintermonaten, in denen bei weitem weniger Einwanderer ankommen und ihr Verdienst daher sehr geschmälert ist, das wieder durchbringen, was sie im Sommer gesammelt haben.

Ihr Aeußeres ist großentheils anständig, um aus dem Anzuge nicht sogleich die Erbärmlichkeit ihres Geschäftes errathen zu lassen. Unerfahrene werden daher um so leichter getäuscht, da der erste Eindruck bei ihrem Erscheinen kein abstoßender ist. Der Ankömmling thut am besten, wenn er sogleich ein gutes Gast- oder Privathaus bezieht, da er dadurch der Pest entgeht, die ihn in der Person der Makler und betrügerischen Wirthe beständig verfolgt. Außerdem lebt man in der Stadt billiger, reinlicher und ruhiger. Die Wirthe am Hafen verlangen ohne Ausnahme für Kost und Logis 3 Dollars die Woche, während man in der Stadt für dieselbe, ja noch bessere Qualität nur 2½ Dollar bezahlt. Es versteht sich wohl von selbst, daß von Reinlichkeit in Häusern keine Rede seyn kann, die in verhältnißmäßig sehr beschränkten Räumen manchmal an einem Tage mehrere Hundert Personen mit Kisten und Kasten aufnehmen. Der damit verbundene Lärmen, der am frühen Morgen beginnt, um erst am späten Abend wieder aufzuhören, ist auch eine von den Annehmlichkeiten, auf die gewiß jeder Reisende gern Verzicht leistet!

In den meisten Gasthäusern dieser Art kann man nur äußerst selten einzelne Zimmer bekommen. In vielen stehen 10-12 Betten, von denen jedes seine zwei Individuen aufnehmen muß, was nicht Jedermanns Vergnügen ist. Da die wenigsten Personen, die hier neben einander zu schlafen gezwungen sind, sich auf ihrem Lebenswege schon einmal begegnet sind, so ist man in beständiger Gefahr, bei der Rückkehr von einem Gange auswärts sein Gepäcke nicht mehr zu finden.

Am meisten werden die unerfahrenen, gutmüthigen deutschen Landleute geprellt; eines traurigen Falls möge hier Erwähnung geschehen. Ein churhessischer Bauer schenkte einem Makler sein Vertrauen, der ihm eine Wohnung in einem Privathause zu verschaffen versprach, da die meisten Gasthäuser übersetzt waren. Als derselbe den Koffer des Einwanderers, in dem seine ganze Habseligkeit eingeschlossen war, in dem neuen Quartier niedergesetzt hatte, lud er den Bauer auf's Freundlichste zu der Besichtigung der Merkwürdigkeiten New-Yorks ein, was dieser dankbar annahm. Er führte ihn in eine der belebtesten Straßen der Stadt, und, als sie sich im dichtesten Gedränge und Getümmel befanden, war er mit einem Male spurlos verschwunden. Der arme Betrogene kannte weder die Nummer des Hauses, noch den Namen der Straße, in der er seinen Koffer zurückgelassen hatte, und seine sämmtlichen Kleider, seine Wäsche, sowie seine ganze Baarschaft waren verloren. Einige Mitglieder des deutschen Volksvereins [5] begegneten dem weinenden Manne, brachten ihn für die Nacht unter und verschafften ihm am nächsten Tage Arbeit an einer Eisenbahn.

[5]: Siehe das nächste Capitel.

So viel von dieser Klasse von Menschen, vor denen schon so oft gewarnt wurde. Trotzdem beklagen es täglich neue Opfer, den gutgemeinten Rath erfahrener Männer nicht befolgt zu haben.

Achtes Capitel.
Die deutsche Gesellschaft und der deutsche Volksverein.

Am passendsten geschieht jetzt, nachdem wir eine Characteristik der Makler gegeben haben, zweier Vereine in New-York Erwähnung, welche sich die doppelte Aufgabe gestellt haben, einerseits dem von diesen Menschen verübten Unfuge mit aller Energie entgegenzutreten, andrerseits die Einwanderer mit Rath und That zu unterstützen; es sind dies die schon lange bestehende »deutsche Gesellschaft« und »der deutsche Volksverein zur Wahrung der Rechte und Interessen deutscher Einwanderer«, welcher erst vor einigen Jahren in's Leben getreten ist. Beiden Vereinen stehen die angesehensten und achtbarsten deutschen Bürger New-Yorks vor, wodurch ihre Wirksamkeit eine beträchtliche Ausbreitung, sowie die energischste Unterstützung der amerikanischen Behörden erhalten hat.

Die deutsche Gesellschaft verausgabt für gänzlich hülfs- und mittellose deutsche Einwanderer in kleinen Geldunterstützungen jährlich eine nicht unbedeutende Summe; aber einen noch viel wirksameren Dienst leistet ihnen dieser Verein durch Anweisung von Arbeit. Ein Sekretair ist eigens angestellt, welcher in einem in der Nähe des Hafens eingerichteten Bureau alle Anfragen beantwortet, alle Klagen anhört und zu beseitigen sucht. Es versteht sich wohl von selbst, daß dieser nicht im Stande ist, allen Denen zu helfen, welche zu ihm kommen, da manchmal Unmögliches gefordert wird, und er nur das wirkliche Unglück berücksichtigen kann und darf.

Die deutsche Gesellschaft besitzt ein ziemliches Capitalvermögen, welches durch viele Beiträge der Mitglieder und namentlich durch eine bedeutende Schenkung unseres verstorbenen reichen deutschen Landsmannes Johann Jacob Astor begründet wurde. Ihre Wirksamkeit beschränkt sich aber nicht allein auf die Unterstützung armer Einwanderer; auch unglücklichen deutschen Stadtbewohnern tritt sie helfend zur Seite und berücksichtigt namentlich auch verschämte Arme. Um die Geschäfte der Gesellschaft in Bezug auf diesen Theil ihrer Thätigkeit zu vereinfachen, ist New-York in Bezirke getheilt worden, zu deren Vorständen zuverlässige und menschenfreundliche Mitglieder gewählt werden, die die Bittgesuche Hilfsbedürftiger entgegennehmen und möglichst zu befriedigen suchen.

Die bedeutendsten deutschen Aerzte New-Yorks haben sich der deutschen Gesellschaft angeschlossen, und diese ist dadurch in den Stand gesetzt, unbemittelten Kranken und Leidenden nicht allein vorzügliche, sondern auch unentgeldliche Behandlung zukommen zu lassen.

Dieser Verein ist öfters der Gegenstand lauten Tadels und bitterer Schmähungen gewesen; wer aber die Masse des Elendes und der Noth kennt, die täglich von ihm gelindert werden soll, und seine wirkliche Leistungen dagegen hält, wird sich gewiß nur ehrend und anerkennend über einen Verein aussprechen, der so manche Thräne getrocknet und so manchen Hunger gestillt hat.

Der deutsche Volksverein hat sich eine andere Aufgabe, als die deutsche Gesellschaft gestellt; er gibt nämlich keine Unterstützung an Geld, sondern beschäftigt sich, wie seine Name schon beurkundet, nur mit der Wahrung der Rechte und Interessen der Einwanderer. Sein Hauptaugenmerk war seit seiner Gründung darauf gerichtet, die Makler in der Ausübung ihres schändlichen Gewerbes zu hindern, erwiesene an den Einwanderern begangene Betrügereien gerichtlich zu verfolgen, Arbeit an Arbeitslose zu geben und Rath und Auskunft über amerikanische Zustände zu ertheilen. Ein Ausschuß, welcher jede Woche wechselt, ist täglich Nachmittags zu bestimmten Stunden in einem Lokale in der Nähe des Hafens in Sitzung, welches regelmäßig den Einwanderern in der New-Yorker Staatszeitung und der deutschen Schnellpost bekannt gemacht wird.

Alle Beschwerden und Klagen über Makler, Wirthe und andere Betrüger werden dort angenommen und entweder auf gütlichem, polizeilichem oder gerichtlichem Wege bereinigt. Diese Leute sind daher die erbittertsten Feinde dieses Vereins geworden, und verfolgen namentlich die thätigen Mitglieder desselben auf alle ihnen nur immer mögliche Weise, sowie sie natürlich auch durch Verbreitung von Lügen, Entstellungen und Verläumdungen die moralische Kraft des Vereins zu brechen suchen.

Im Anfange seines Entstehens suchte der deutsche Volksverein die Aufmerksamkeit der Einwanderer hauptsächlich durch große Plakate auf sich zu ziehen, welche an die Ecken der verschiedenen Hafenstraßen angeschlagen wurden. Er mußte sich aber bald von der Untauglichkeit einer Maßregel überzeugen, welcher die Makler nur mit dem einfachen Abreißen der Zettel zu begegnen brauchten, um sie gänzlich wirkungslos zu machen.

Eine Thatsache will der Verfasser hier nicht unerwähnt lassen, da sie am besten geeignet ist, einen klaren Begriff von dem Treiben der Makler den Vereinen gegenüber, welche sie beaufsichtigen, zu geben.

Das Directorium des Volksvereins hatte eine Vereinsversammlung ausgeschrieben, in welcher verschiedene Beschlüsse gefaßt werden sollten, die man später zum Schutze der Einwanderer in Ausführung bringen wollte. Zu dieser fanden sich eine bedeutende Anzahl Makler mit Knitteln bewaffnet in der Absicht ein, die Versammlung zu stören und Diejenigen zu bedrohen und zu mißhandeln, welche als Redner auftreten würden. Es gelang ihnen auch, die Abhaltung der Berathung zu verhindern, indem sie einen ungeheuren Skandal anfingen, so oft Jemand den Mund zu einem Vortrage öffnete. Zuletzt konnten nur von dem Präsidenten requirirte Constabler einen Theil der Mitglieder vor wirklichen Angriffen schützen.

Die vielen lauten Klagen, die gegen jene Menschen erhoben wurden, haben endlich auch die amerikanischen Behörden veranlaßt, ernstlich gegen sie einzuschreiten, und die Zeit ist wohl nicht mehr ferne, in welcher man von ihrem Gewerbe als von einem, das der Vergangenheit angehörte, sprechen wird.

Neuntes Capitel.

New-York. Die Battery oder der Castlegarden. Der Broadway. Astorhaus. Das Amerikanische Museum. Der Park und City-Hall. Die Vorfeier des vierten Juli.

Mein Hauptwunsch war nun erreicht; ich hatte amerikanischen Boden unter meinen Füßen, und konnte die Begierde kaum unterdrücken, sogleich zur Besichtigung der Stadt aufzubrechen. Freund W....... machte mich jedoch darauf aufmerksam, daß wir einer Stärkung sehr bedürftig wären und unsre hungrigen Magen und ermüdeten Körper auch etwas Berücksichtigung verdienten.

Nach einigen Stunden machte ich den ersten Ausgang, der mich zunächst in ein großes Cigarrenlager führte, um die ächten Kinder der Havanna einzukaufen. Meine Freude über den herrlichen Genuß verringerte sich aber merklich, als ich nach dem Preise fragte, den ich ungeheuer hoch fand. Von hier aus führte uns unser Weg nach der Battery, welche mir W....... zuerst vor Augen führen wollte, da es ohnstreitig der schönste Spaziergang New-Yorks mit einer weiten Aussicht auf die beiden Arme des Hudson, den North- und East-River, die Bay von New-York, New-Jersey und Staatenisland auf der einen, und Broklyn und Williamsburg auf der anderen Seite ist.

Die Battery, auch Castlegarden genannt, ist einer der besuchtesten Vergnügungsorte der New-Yorker, da man hier in der großen Glühhitze des Sommers nicht allein unter dem Schatten der Bäume sich ergehen, sondern auch die kühlende Seeluft einathmen kann. Das große und malerische Bild, das sich vor mir ausbreitete und mir einen bis zu dieser Stunde nicht geahnten Genuß bereitete, erhielt durch große Kauffahrteischiffe, welche in die Bay hereinsegelten, beständig hin- und herlaufende Dampfschiffe und die große Menge von dahinschießenden kleineren Fahrzeugen das regste Leben. Während der Hudson und die Bay den Anblick einer ungeheuren Arbeitsamkeit und Emsigkeit darboten und meinen Blick fesselten, füllte sich der weite und geräumige Garten mit modern gekleideten Herren und Damen, welche mir die Ueberzeugung verschafften, daß nicht allein die Modejournale von London und Paris, sondern auch die Modestoffe von dort ihren Weg nach Amerika finden.

Die Battery oder der Castlegarden hat seinen Namen von einem großen runden Thurme (Castell), welcher die Stadt, wie ich bereits zu bemerken Gelegenheit hatte, gegen einen Angriff von der Bay aus in Verbindung mit den Fortifikationen von Governers-Island deckt. In Friedenszeiten ist das Castell an einen spekulativen Yankee verpachtet, welcher in demselben große Conzerte aufführen läßt, die schon wegen der herrlichen Lage des Ganzen eine große Anziehungskraft ausüben. Auch zu Volksversammlungen, die ein außergewöhnlich großes Lokal erfordern, ist er schon benützt worden. Das Innere ist geschmackvoll und großartig, und ohnstreitbar eine Zierde New-Yorks. In Verbindung mit diesem Unternehmen stehen sehr elegant eingerichtete Bäder, welche während der Sommer- und Herbstsaison von dem New-Yorker Publikum sehr besucht sind; nach Schluß der Badezeit aber gleich allen Flußbädern für die Dauer des Winters wieder abgebrochen werden.

Von hier aus wandten wir uns links, um in den Broadway und das Innere der Stadt zu gelangen. Vielen meiner Leser wird bekannt seyn, daß New-York nicht auf dem amerikanischen Festlande, sondern auf einer Insel liegt. Man hat daher an einzelnen Punkten des Broadway nach der rechten oder linken Seite hin die Aussicht auf den Hafen und die hohen Maste der Schiffe, welche förmlich in die Stadt hereinzuragen scheinen.

Diese ist mit Ausnahme des kleineren und zwar des älteren Theiles ganz regelmäßig in fast gleich großen Vierecken gebaut. In den neuen Stadtvierteln ist man von der Sitte abgegangen, die Straßen, wie in Europa, mit Namen zu belegen, was mit so großen Unannehmlichkeiten für Fremde und namentlich für solche verbunden ist, welche der Sprache nicht kundig sind; man bedient sich dort der Zahlen und numerirt die Straßen, die parallel mit einander vom Northriver nach dem Eastriver hindurchlaufen. Von diesen ziehen sich wieder von den oberen Stadttheilen nach den unteren 9 Straßen, Avenue's genannt, welche das Auffinden der einzelnen Hausnummern unendlich erleichtern, da viele der numerirten Parallelstraßen über eine Stunde lang sind; man bezeichnet daher z. B. Hausnummer 50 in der 100sten Straße noch genauer dadurch, daß man die beiden Avenue's angibt, zwischen denen das Haus liegt, um dem Kunden und dem Freunde Zeit und langes Suchen zu ersparen.

Gleich beim Anfange des Broadway noch in der Nähe des Castlegarden befindet sich eine schöne Fontaine, welche angenehme Kühlung verbreitet. Von da aus zieht er sich in angemessener Breite ohngefähr eine Stunde die Stadt hinauf. Ich hatte wenige Monate vorher die Boulevards und die Rue St. Honoré in Paris mit ihrem geräuschvollen Treiben gesehen; mit dem Getöse und Gedränge des Broadway halten aber Beide nach meiner Ueberzeugung keinen Vergleich aus. New-York hat das Geräusche eines Seehafens und einer Welthandelsstadt voraus, welches die Tausende von Lastwagen hervorbringen, die Ballen, Kisten und Tonnen durch den Broadway nach den Magazinen oder aus ihnen nach den Schiffen führen. Zu beiden Seiten dieser großartigen Straße befinden sich Trottoire, die in vorzüglichem Zustande sind, was aber hier auch um so nothwendiger ist, als von einem Gehen auf der eigentlichen Straße gar keine Rede seyn kann, da man jedenfalls in wenig Minuten unter den Rädern der Omnibusse, Equipagen oder Güterkarren wäre. Es gehört eine große Fertigkeit und eine lange Uebung dazu, als Wagenlenker sich unversehrt durch dieses Gewoge von Fuhrwerk aller Art hindurchwinden zu können.

Wir kamen zu dem fashionablesten Theile des Broadway, zu der Promenade der feinen Welt, in die Nähe des Astorhauses, des Amerikanischen Museums und des Parkes mit dem majestätischen Stadthause. Das Astorhouse ist das größte und feinste Hotel in New-York und von demselben John Jacob Astor erbaut, dessen ich schon bei Gelegenheit der Deutschen Gesellschaft Erwähnung that. Es hat ebensowenig, als die anderen Hotels in New-York, eine große Einfahrt, auch fehlen allenthalben die großen Stallungen, wie man sie bei großen europäischen Gasthöfen antrifft, da alle Reisenden entweder mit Dampf- oder Segelschiffen ankommen. Die Preise sind verhältnißmäßig nicht zu hoch gestellt.

In dem Erdgeschosse des Astorhouses ist für alle geistigen und leiblichen Bedürfnisse der Fremden gesorgt. Kleidermagazin, Buchhandlung, Apotheke, Friseurkabinet, Bäder etc. stehen im eigenen Hotel zu Diensten und der Reisende hat nicht nöthig, weite Gänge durch die Stadt zu machen, wenn er einen Wunsch befriedigen will.

Dem Astorhouse gegenüber liegt das Amerikanische Museum, unter dem man sich jedoch kein Berliner Museum, keine Dresdener Bildergallerie und keine Pinakothek und Glyptothek denken darf, da dem schaulustigen Publikum dort keine hohen Kunstgenüsse, sondern Curiositäten der verschiedensten Art, als singende Neger, Affen, Panoramas, Indianer, Riesen und Zwerge, komisches Theater, Tänzer und verschiedene andere dergleichen Dinge gezeigt werden, die wir bei uns auf großen Messen und Jahrmärkten in Dutzenden von Buden sehen. Dies Alles übt auf den neugierigen Yankee eine sehr bedeutende Anziehungskraft aus. Hiermit soll jedoch keineswegs gesagt seyn, daß dieser keinen Sinn für höhere Künste und Wissenschaften habe, denn das Gegentheil ließe sich leicht durch die Aufzählung großer Staats- und Privatbauten, wie durch die Gründung vieler bedeutenden Collegien und Akademien nachweisen.

Das Aeußere dieses Gebäudes ist auf die bunteste und burleskeste Weise geziert, um den Blick der Vorübergehenden auf sich zu ziehen. Gemälde, Transparente, riesenhafte Anschlagzettel und eine bunte Anzahl von Flaggen und Fahnen geben einen hinreichenden Beweis von der Charlatanerie des Eigenthümers, welche er namentlich in allen gelesenen New-Yorker Journalen in den pomphaftesten Ausdrücken zur Schau trägt.

Von Nachmittags 2 Uhr bis zum Schlusse der Vorstellung spielen auf einem Altane des Gebäudes deutsche Musiker, und meine Gefühle wurden mächtig erregt, als am ersten Tage meines Aufenthaltes im fernen Westen die bekannten Töne des schönen Liedes:

»Leb' wohl, du theures Land, das mich geboren!«

zu uns herniederklangen.

Einen angenehmeren Eindruck, als dieses possirliche Comödienhaus, machte der schöne Park, in dessen Mitte sich die stolze City-Hall [6] mit einer großen Freitreppe erhebt. Diese, wie die ganze vordere Fronte des weitläufigen Gebäudes ist aus weißen Marmor aufgeführt. Die Amerikaner statten überhaupt alle ihre öffentlichen Bauten auf's Glänzendste und Imposanteste aus, um das Gesetz, das in ihnen seine Wohnung hat, selbst geachtet zu machen. Die New-Yorker ehren durch dieses Gebäude die Väter der Stadt, die Republik und sich selbst.

[6]: Stadthaus, Rathhaus.

Nicht weit von dem Hauptportale des Stadthauses wirft eine zweite noch bedeutendere Fontaine, als die beim Eingange des Broadway, ihren starken Strahl hoch in die Lüfte. Ringsherum laden Bänke zur Ruhe ein, und das Grün der Bäume und des Rasens bietet eine angenehme Abwechslung gegenüber dem Gedränge und dem Staube der Straßen.

Allmählig kam der Abend und mit ihm neues Leben. Es war der Vorabend des vierten Juli, den Jung und Alt durch Abbrennen von Raketen, Kanonenschlägen und Schwärmern und durch Schießen aus jeder Gattung von Feuerröhren festlich begehen. Obschon das Schießen in der Stadt das ganze Jahr hindurch scharf verboten ist, so drücken Polizei und Gesetz an diesem Tage doch die strengen Augen zu und unterstützen auf diese Weise einen Lärmen und einen Spektakel, welcher die ganze Nacht fortdauert und Vielen den Schlummer raubt; trotz meiner Müdigkeit weckte mich das unaufhörliche Schießen unter meinen Fenstern zu wiederholten Malen aus dem tiefsten Schlafe auf. Die Presse hat schon oft gegen diesen Unfug angekämpft, der jedes Jahr die traurigsten Unglücksfälle verursacht; sie erhält aber keine energische Unterstützung von Seite der Bürger, da man in vielen Kreisen der Ansicht ist, daß durch ein solches Gebot der vierte Juli entweiht und entheiligt würde.

Zehntes Capitel.

Die Feier des vierten Juli. Frechheit eines englischen Matrosen.

Der Morgen des großen Festtages war angebrochen und 101 Kanonenschüsse verkündeten von der Battery und Governers-Island der Stadt New-York und ihrer Umgegend den 71sten Geburtstag ihrer Freiheit und Unabhängigkeit. Die Amerikaner sind keine Verehrer vieler und großer Feiertage; sie halten mit strengem Ernste an ihrem Sonntag, während sie (natürlich mit Ausnahme der Katholiken) die großen Kirchenfeste der Europäer, Weihnachten, Ostern und Pfingsten, ruhig und ungefeiert vorübergehen lassen. Man kann daher nur zwei Hauptfesttage im ganzen Jahre annehmen, welche sie besonders hoch achten, den Neujahrstag und den vierten Juli. Der erste Tag wird mehr im Kreise von Familien und Freunden verlebt, während der letztere ein Freudentag des ganzen Volkes, ein Nationalfest von der tiefsten Bedeutung ist.

Die Amerikaner haben das unbezweifelte Recht, auf diesen Tag stolz zu seyn. Die Tapferkeit und die Weisheit ihrer Väter gründete an demselben den glücklichsten Staat der Erde und sicherte seinen Bestand durch die Ertheilung weiser und freisinniger Institutionen. Hebt sich ihr Herz bei der Erinnerung an die Großthaten dieser Männer, so schlägt es doppelt freudig bei dem Bewußtsein, daß sie ihr Vermächtniß getreulich bewahrt und es im Laufe der Zeit noch mehr veredelt und verbessert haben.

Aber nicht allein der Eingeborne begeht den vierten Juli mit tiefer inniger Freude, die Einwanderer aus allen Ländern Europas erkennen vielleicht mehr, als der freigeborne Amerikaner, welch' unschätzbares Gut sie an der Freiheit dieses Landes sich erworben haben; denn Derjenige, welcher die Geißel des Despotismus auf seinem Rücken gefühlt und unter den Verfolgungen der europäischen Politik gelitten hat, fühlt sich in solchen Stunden von einem neuen Leben durchdrungen und bei der Erinnerung an einen Washington, Franklin, Jefferson, Jackson mit den heiligsten Banden der Liebe an ein Land gebunden, das ihn wie seinen eigenen Sohn an seinen freien Heerd aufnimmt. Der vierte Juli macht die Einwanderer zu Amerikanern; ihre Kraft und ihr Blut gehört von nun an den Vereinigten Staaten, wovon die Leichenhügel von Monterey, Buena Vista, Cerro Cordo und Mexico ein großes und erhebendes Zeugniß geben.

Um 8 Uhr Morgens machte ich mich mit Freund W....... auf den Weg, um die Herrlichkeiten des Tages mit anzusehen. Wir gingen zunächst nach der Battery. Aber welcher Anblick ward uns hier zu Theil! die Tausend und aber Tausend Schiffe, welche hier vor Anker liegen und sich im Strome und der Bay bewegten, waren mit Flaggen und Wimpeln geziert. Hier flatterten die stolzen Farben Englands, dort die Trikolore Frankreichs und aus der Ferne schimmerten die bekannten Flaggen der deutschen Hansestädte zu uns herüber.

Wir machten unsere alte Route nach dem Broadway, der sich in ein stattliches Festgewand geworfen hatte. Von allen Dächern wehte das Sternenbanner und gab der Straße ein freundliches, festliches Aussehen. Die Lastwagen vom vorigen Tage blieben für heute verschwunden und nur die Omnibusse thaten ihren Dienst, um die entfernt Wohnenden nach dem Parke zu bringen. Ueberall drängte sich eine freudig erregte Menschenmenge, die sich schon Monate lang, wie die Kinder auf Weihnachten, auf diesen Tag gefreut hatten.

Die Geschäfte ruhen gänzlich an diesem Tage, und viele vermögende Fabrikanten und Kaufleute lassen ihren Arbeitern noch Geldgeschenke zukommen (was sich diese beiläufig bemerkt sehr gerne gefallen lassen), damit sie auf das Wohl der Republik ein Glas mehr trinken können.

Das größte Leben war im Parke, da in ihm und den zunächst gelegenen Straßen die Parade der New-Yorker Militz abgehalten wird. Der kommandirende General hatte sich bei unserer Ankunft mit seinem Stabe bereits da eingefunden und erwartete das Heranrücken der verschiedenen Corps, die vor ihm defiliren sollten.

Gegen 10 Uhr kam der zum größeren Theile aus Militz, zum kleineren aus Bürgern in Civilkleidern bestehende Festzug, welcher zwei volle Stunden in vollkommener Ordnung an uns vorbeimarschirte. Nur Derjenige, welcher an diesem Tage selbst in New-York war, kann sich einen Begriff von dem bunten und überraschenden Anblicke machen, der uns hier zu Theil wurde. Die Uniformen aller civilisirten Völker waren hier zu schauen, die Franzosen mit rothen Hosen und blauen Waffenröcken, die Schotten mit ihren Plaids, Bärenmützen und nackten Beinen, die Engländer mit rothen Fräcken und blauen Aufschlägen, deutsche Jäger, Dragoner und rothe Husaren und andere verschieden uniformirte deutsche Compagnien, die amerikanische Independenzgarde [7], welche noch die dreieckigen Hüte, die langen Schoßfräcke, kurzen Hosen und Stulpstiefeln aus der Zeit des Unabhängigkeitskrieges trägt, das Corps der New-Yorker Feuerlöschmannschaft mit prachtvollen Spritzen und in langem Zuge die Artillerie, welche nur solche Kanonen führte, die im Befreiungskriege den Engländern abgenommen worden waren.

[7]: Unabhängigkeitsgarde.

Am meisten fiel mir auf, daß, während die eine Compagnie die reichsten und geschmackvollsten Uniformen trug, die andere wieder das Bild der größten Einfachheit bot, da sie nur einen gewöhnlichen schwarzen Frack, schwarze Beinkleider, runden schwarzen Hut und weißes über der Brust gekreuztes Lederzeug trug, an welchem Säbel und Patrontasche hieng. Mancher deutsche Offizier würde hohnlächelnd auf diese Männer herabgeblickt haben, von denen sich so manche später den Siegeslorbeer aus Mexico holten. Diese eigenthümliche Uniformirung erklärt sich leicht aus der Freiheit, die den Bürgern bei der Organisation von Militzcompagnien gestattet ist. Sind 50-60 Mann zusammengetreten, wählen sie sich nach eigenem Geschmack und ihrer Ueberzeugung sowohl die Uniform, als die Offiziere.

Nachdem die Truppen abmarschirt waren, kamen die großen Züge der zahlreichen Freimaurerlogen und Gesellschaften, die sich zu den verschiedensten Zwecken, namentlich in großer Anzahl zur Unterstützung in Krankheitsfällen gebildet haben. Mit zahlreichen Bannern und Insignien zogen die Söhne des grünen Erin, die Schweizer, die deutsche Göthe- und Schiller-Loge, zusammen viele Tausende an uns vorbei.

Endlich zerstreute sich die Menge, um sich aus dem Gedränge und der fast unerträglichen Hitze in kühlere Gemächer zur Erholung zu begeben. Der Nachmittag führte den größten Theil der Bevölkerung in's Freie, wo auch W....... und ich in einem Kreise von Deutschen mit Gesang, Unterhaltung und Becherklang den denkwürdigen Tag in herzlicher Weise feierten.

Den Beschluß des Festes machte Abends die Illumination des Stadthauses, von dessen Giebel unaufhörlich Raketen in die Luft flogen, und die Abbrennung eines großen Feuerwerkes im Park, wobei wir fast in Gefahr geriethen, erdrückt zu werden. Ein ungeheures Jubelgeschrei, das sich bis in die fernsten Straßen fortpflanzte, erscholl, als zum Schlusse des Ganzen die Worte:

»*the day of the 4th July 1776.*«

über dem Portale des Stadthauses in Brillantfeuer sichtbar wurden. Wann wird unser Deutschland einen solchen Tag feiern?! –

Der Nachmittag licferte ein Beispiel von der Größe des Nationalhasses zwischen den Vereinigten Staaten und England. Ein betrunkener englischer Matrose hatte die unglaubliche Dreistigkeit, auf einen Mastbaum zu steigen, der in Mitte einer frequenten Straße errichtet und mit der amerikanischen Flagge geziert war, und diese abzureißen. Diese Frechheit wurde aber sofort von dem Volke gezüchtigt, und der unverschämte Sohn des »fröhlichen Altenglands« gezwungen, das Sternenbanner wieder aufzuziehen, worauf ihn Constabler in das Quartier brachten, das solchen Helden gebührt.

Eilftes Capitel.

Eine Betrachtung über die Thätigkeit der Amerikaner. Die Erlangung des Bürgerrechts.

Mehrere Tage waren seit dem schönen Feste vergangen, als mich Freund W....... verließ, um in das Geschäft zurückzukehren, in welchem er vor seiner Abreise nach Europa thätig gewesen war. Ich stand nun allein und ohne Kenntniß der Sprache in der großen Stadt, mit Planen beschäftigt, die meine Zukunft sichern sollten. Allein jetzt erst bemerkte ich, daß die Auswanderung nach Amerika leichter auszuführen ist, als die Erwerbung einer Stellung, die uns auch die Mittel zum Leben bietet.

Nach reiflicher Ueberlegung erkannte ich recht gut, daß mir in New-York nichts Anderes übrig bliebe, als die erste beste Arbeit anzunehmen, die sich mir darbieten würde; denn es war mir bald klar geworden, daß ich mit der edlen Jurisprudenz, der ich mich in meinen Universitätsjahren gewidmet hatte, schwerlich erfreuliche und meinen Wünschen entsprechende Resultate erzielen würde. Hier kann ich nicht unterlassen, solchen Männern, welche nur Theoretisches erlernt haben, was sich in Amerika nicht sogleich auf das Praktische übertragen läßt, die größte Vorsicht im Auswandern zu empfehlen, namentlich wenn sie nicht im Besitze größerer Geldmittel sind, da sie sich gewiß in der ersten Zeit ihrer Ankunft auf dem westlichen Boden sehr enttäuscht finden werden. So sehr der Amerikaner die Wissenschaften liebt und so bedeutende Fortschritte er seit der Erringung der Unabhängigkeit in den meisten Zweigen des Wissens gemacht hat, so liegt es doch in der Natur der Sache, daß ein Volk, das so viel aus dem Rohen herauszuarbeiten hatte und vor Allem mit der Entwickelung seiner politischen Institutionen sich beschäftigen mußte, um seine staatliche Existenz zu sichern, vorerst seine Hauptaufgabe in der Kräftigung seiner materiellen Interessen sieht; darum ist auch Alles, was Handel, Gewerbe, Industrie und die Production nach allen Richtungen hin betrifft, in der raschesten Entwickelung begriffen, und erregt selbst bei den Engländern, die in diesen Fächern so Erstaunliches geleistet haben, Neid, Eifersucht und Bewunderung. Eben so trefflich haben sie für die Vervollkommnung ihres inneren politischen Lebens gesorgt, welches nicht nur allgemeine Zufriedenheit im Lande verbreitet, sondern auch die Achtung anderer Völker genießt.

Die geistigen Kräfte haben sich hauptsächlich auf die Verbesserung des Maschinenwesens, des Bauwesens in allen seinen Theilen und das ganze Gebiet der Mechanik geworfen, da die günstigen Resultate des Nachdenkens in diesen Branchen nicht allein großen Nutzen für Handel und Wandel, sondern auch dem glücklichen Erfinder glänzenden Gewinn gewähren. In neuerer Zeit zeigte sich aber im Volke auch ein tiefer Drang nach allgemeiner Wissenschaftlichkeit, was es namentlich in New-York auf's Herrlichste beurkundete, als es sich im Jahre 1847 in allgemeiner Stimmenabgabe für die Gründung einer Freiakademie entschied. Allgemeine Bildung im deutschen Sinne würde in größerem Maße vorhanden seyn, hätte nicht der Mangel an besseren Erziehungsanstalten in früheren Jahren nur einem kleinen Theile der Amerikaner die Möglichkeit an die Hand gegeben, sich den höheren Wissenschaften zu widmen. Man merkt jedoch an ihnen weniger, als irgend anderswo, den Mangel an Bildung, da in dem amerikanischen Volke ein gesunder Sinn und ein klarer heller Verstand herrscht, welchen es namentlich der freien politischen Bewegung und seiner Presse verdankt.

In der ersten Zeit gieng ich mit dem Gedanken um, als Hauslehrer ein Unterkommen zu finden; aber alle meine Bemühungen waren fruchtlos, und schon begann ich unmuthig zu werden, als ich zufällig ein Paar alte Universitätsfreunde traf, die mir zwar keine Stelle verschaffen konnten, mich aber mit vielen Deutschen bekannt machten, was für mich ein großer Gewinn war, da ich dadurch einen deutschen Lehrer kennen lernte, der mir bald die Verwesung seiner Schule übertrug, als ihn eine Krankheit an's Bett fesselte. War damit auch nicht alle Sorge für die Zukunft entfernt, so gestalteten sich doch meine persönlichen Beziehungen immer angenehmer, was mir um so mehr Vergnügen bereitete, da sie mir eine reiche Quelle der Belehrung in Beziehung auf die Verhältnisse des Landes, seiner Regierung und seiner Parteien wurden.

Ich suchte mich vor Allem durch das Lesen von Zeitungen über Amerika zu unterrichten, und nahm, weil ich der englischen Sprache nicht mächtig genug war, um amerikanische Blätter verstehen zu können, meine Zuflucht zu den deutschen. Aber ich fand bald, daß diese allein zu gründlicher Belehrung nicht hinreichen; ich erhielt wohl Kunde von den Ereignissen in Europa und Amerika, auch las ich die Verhandlungen der gesetzgebenden Körper der Einzelstaaten und des Congresses in Washington, aber mir blieben die Parteistellungen vollkommen fremd, da die Blätter sämmtlich bei ihren Lesern die Kenntniß der Grundsätze der Demokraten, Whigs, Nationalreformer, Abolitionisten und Antirenter voraussetzen. Handbücher, welche diesen Gegenstand behandelten, standen mir nicht zu Gebote, weßhalb ich mich entschloß, mich an solche Männer mit der Bitte um guten Rath zu wenden, welche während eines langen Aufenthaltes in Amerika die Verhältnisse des Landes aus eigener Erfahrung kennen gelernt hatten. Von ihnen erhielt ich die Weisung, die politischen Versammlungen der Deutschen und der Amerikaner zu besuchen, und zwar hauptsächlich diejenigen, welche von den beiden Hauptparteien unmittelbar vor wichtigen Wahlen abgehalten werden würden, da in ihnen die Cardinalgrundsätze der Partei auseinandergesetzt und für und wider erörtert würden.

Nur auf diese Weise kann man sich eine rasche und zugleich gründliche Belehrung über die amerikanischen Parteizustände verschaffen, und ich empfehle diese Methode daher jedem neuen Einwanderer, und vorzüglich dem, welcher Pflichtgefühl im Herzen trägt und es für Sache der Ehre hält, sich am öffentlichen Leben mitzubetheiligen und für das Wohl und Wehe seines neuen Vaterlandes mitzuwirken, und sich nicht als sein höchstes Ziel das Sammeln von Reichthümern gesetzt hat.

Die Einwanderer können freilich erst nach einem fünfjährigen Aufenthalte das Bürgerrecht erlangen, was zu manchen ungerechten Urtheilen Veranlassung gibt, aber der Unbefangene wird die Weisheit dieses Gesetzes anerkennen, wenn er bedenkt, daß der amerikanische Bürger alle gesetzgebenden und vollziehenden Gewalten selbst erwählt und sich nothwendigerweise zu einer Partei halten muß, um seine politische Ueberzeugung in's Leben gerufen zu sehen. Dieses kann aber von einem Manne nicht erwartet werden, der aus einem Lande hergewandert kommt, welches ganz andere Staatseinrichtungen besitzt, der die Sprache, in der die wichtigsten Interessen des Landes verhandelt werden, nicht versteht, kaum einen Begriff von den amerikanischen Verfassungen hat und im Grunde genommen nicht mehr von den Vereinigten Staaten weiß, als »daß es drüben besser ist!« Dieses Gesetz könnte nur dann ein Tadel treffen, wenn es einen Unterschied zwischen dem Einwanderer und dem Eingebornen in Betreff von Leistungen an den Staat machen würde, was jedoch nicht der Fall ist. Leider habe ich die traurige Erfahrung machen müssen, daß trotz der vielen Klagen über die späte Erlangung des Bürgerrechts doch genug Einwanderer in den verschiedenen Staaten leben, welche sich nicht einmal die leichte und billige Mühe, dasselbe jemals zu erwerben, geben mögen.

Um das Bürgerrecht für die ganzen Vereinigten Staaten zu erlangen, hat man in den ersten drei Jahren seines Aufenthaltes vor Gericht die Willenserklärung (*intention*) abzugeben, daß man amerikanischer Bürger werden wolle, und zugleich allen fremden Fürsten und Potentaten, speciell aber seinem Landesfürsten die Treue und Unterthänigkeit abzuschwören. Die gewöhnliche Eidesformel besteht in dem einfachen Küssen der Bibel oder des neuen Testamentes; jedoch genügt auch die einfache Bekräftigung mit einem »Ja!« Ueber diesen Akt erhält man eine gerichtliche Bescheinigung, welche man jedenfalls zwei Jahre in Händen gehabt haben muß; selbst ein Aufenthalt von zehn Jahren kann diese gesetzliche Bestimmung nicht annulliren. Nach Verlauf der vollen fünf Jahre gibt man seine Willenserklärung bei der nächsten Behörde ab, und erhält, nachdem man zuvor eidlich bekräftigt, daß man fünf Jahre im Lande gelebt habe, seinen Bürgerbrief, mit dessen Empfangnahme man sofort in alle politischen Rechte der Eingebornen eintritt.

Ein früheres Gesetz enthielt die Bestimmung, daß der, welcher das amerikanische Bürgerrecht erlangen wollte, innerhalb fünf Jahren die Vereinigten Staaten nicht verlassen durfte; man mußte sogar beschwören, daß man nicht außer Landes war. Dieses für einen Handelsstaat im höchsten Grad lästige Gesetz wurde aber im vergangenen Jahre vom Congresse suspendirt. Zu welchen lächerlichen Consequenzen man mit ihm gelangte, mag aus der einzigen Thatsache erhellen, daß einem Einwanderer nach fünf Jahren der Bürgerbrief verweigert wurde, weil er von Buffalo aus einen kleinen Abstecher nach den nahen Niagarafällen machte, welche im brittischen Amerika liegen.

Zwölftes Capitel.

Die amerikanische Demokratie. Beurtheilung derselben von Seite der in
Deutschland existirenden Parteien. Demokraten und Whigs.

Es hat wohl die Verfassung keines Landes eine so verschiedenartige
Beurtheilung gefunden, als die der Vereinigten Staaten, und hauptsächlich
haben sich in der jetzigen bewegten Zeit die politischen Parteien
Deutschlands in vielfacher weitauseinandergehender Weise mit ihr
beschäftigt, so daß die Einen sie als das Product der höchsten
staatsmännischen Weisheit bis in den Himmel erhoben, während die Andern
sie als unhaltbar und verwerflich verdammten. Die Motive zu diesen
verschiedenen Anschauungen liegen klar zu Tage; die Ersteren wollen durch
die Auseinandersetzung der Vorzüge der demokratischen Staatsform die
Stimmung des deutschen Volkes für diese gewinnen, während die Letzteren
nur die Fehler und Schattenseiten derselben aufsuchen, um den
entgegengesetzten Zweck zu erreichen. Der Unparteiische wird nicht
läugnen, daß die amerikanischen Zustände noch einer bedeutenden
Verbesserung fähig sind, wie alles Irdische einer größeren Vollkommenheit
zugeführt werden kann; ihre Gesundheit aber in Abrede stellen zu wollen,
dürfte eine ebenso undankbare, als vergebliche Aufgabe seyn.

Ich will versuchen, von den Leistungen der amerikanischen Demokratie
ein kurzes Bild zu entwerfen, muß aber vorher bemerken, daß der Leser den
Begriff »amerikanische Demokratie« in einem ganz andern Sinne auffassen
muß, als er dies in Deutschland zu thun gewohnt ist, wo die »Demokraten«
diejenige »Volksherrschaft« erst erkämpfen wollen, welche seit dem Ende des
Unabhängigkeitskrieges in Amerika factisch zu Recht besteht. In
Deutschland ist die Bezeichnung »Demokraten« der Name einer Partei,
welche von einer andern mit entgegengesetzten Prinzipien und Tendenzen
bekämpft wird. Unter der »Demokratie in Amerika« hat man aber das ganze
Volk der Vereinigten Staaten mit seiner Regierung und Regierungsweise zu
verstehen. Gibt es dort auch eine Partei, welche sich die demokratische
nennt, so haben ihr doch die andern Faktionen diese Bezeichnung nicht
ausschließlich zugestanden, sondern auch sie nennen sich demokratisch,
wozu sie jedenfalls das vollkommenste Recht haben, da es ihnen noch
niemals in den Sinn gekommen ist, die Demokratie, die Volksherrschaft mit
ihren Rechten und Freiheiten mit der Monarchie, der Einzelnherrschaft, zu
vertauschen.

In Zeiten ernster politischer Parteikämpfe und tiefeingreifender
Bewegungen ist es natürlich, daß die Urtheile befangen sind. Es kann daher
nicht Wunder nehmen, daß die große Partei, welcher durch Annahme der
demokratischen Staatsform in Deutschland eine tödtliche Wunde geschlagen

würde, zu unbegründeten Vorwürfen gegen die Vereinigten Staaten geneigt ist. Es kann aber die Demokratie Nordamerikas wohl die gerechtesten Ansprüche auf Unparteilichkeit und Gerechtigkeit machen, welche nicht allein für ihr eigenes Vaterland, sondern für die ganze Menschheit so segensreich gewirkt hat. Was die Monarchieen in Europa größtentheils erst im Laufe von Jahrhunderten zu Wege brachten, haben die demokratischen Amerikaner in Jahrzehnten geschaffen. Wer kann der Kraft und der Energie eines Volkes die Anerkennung versagen, welches in kaum 80 Jahren die herrlichsten und freisinnigsten Institutionen in's Leben rief, Städte, Lehranstalten, öffentliche Institute, Canäle, Dampfschiffe, Fabriken gründete, die Wildniß urbar machte, Civilisation und Thätigkeit in Gegenden trug, die vorher nur der Fuß des Indianers betreten hatte, und sich aus der abhängigen Stellung eines brittischen Unterthanen zum stolzen Rivalen des mächtigen Albions emporgeschwungen hat. Diese Demokratie schuf ein Asyl für alle unglücklichen Verfolgten und Bedrängten, sie gründete die wahre Stätte der Freiheit und der Glückseligkeit für Millionen durch rastlose Aufopferung, Kühnheit und Ausdauer ihrer Bekenner, und doch ziehen in trauriger Verblendung gerade solche Parteimänner gegen sie am meisten zu Felde, welche durch ihre politischen Sünden und Fehler am meisten zur Größe dieser Demokratie beigetragen haben. Sie glauben durch theoretische Silbenstechereien die Glückseligkeit eines Landes hinwegdisputiren zu können, welches nur der Praxis huldigt und durch sie mächtig und stark geworden ist. Man muß vor Allem die Erscheinung fest in's Auge fassen, daß die Vereinigten Staaten einzig und allein von den Stürmen der Neuzeit verschont geblieben sind; während der Aufruhr und der Bürgerkrieg an den nördlichen und südlichen Grenzen der Union wüthete, gieng das wichtigste politische Ereigniß, welches von jeher die Gemüther in besondere Spannung versetzte, die Präsidentenwahl ruhig vorüber, und lieferte den vollkommenen Beweis, daß die Amerikaner die Bahn des Gesetzes und einer beglückenden Reform gehen.

Viele Politiker Europas sehen zum großen Theil in den amerikanischen Parteien den Keim zum baldigen Untergange der Republik, ohne zu bedenken, daß sie in ihrem eigenen Lande eine Parteistellung einnehmen, welche dasselbe ebenfalls dem Verderben entgegenführen müßte. Um an den amerikanischen Zuständen nur etwas tadeln zu können, vergessen sie, daß gerade in den amerikanischen Parteien die Stärke und die sicherste Bürgschaft für das Bestehen der Republik liegt, da sich diese beständig im Auge behalten, mit Mißtrauen beobachten, und eine Uebertretung der Gesetze und eine Verletzung der Verfassung von Seite der einen und der anderen Partei schon deßhalb ganz undenkbar ist, weil sie von den Gegnern sofort zur Publicität gebracht werden würde, wodurch die öffentliche Meinung, die größte Stütze jeder Partei, für immer und damit zugleich alle Aussicht, je wieder die Zügel der Regierung ergreifen zu können, verloren gienge. Die Parteien können ihre momentanen Siege nie zur gegenseitigen Unterdrückung und zur Schmälerung der Freiheiten des Volkes benützen, da die von ihnen zur Regierung berufenen Staatsmänner jeden Augenblick zur Verantwortung gezogen werden können.

Strenge genommen gibt es nur zwei Parteien im Lande, die demokratische und die Whigpartei, da diese beiden allein in der Regierung des Landes abwechseln; die andern haben ihre politischen Grundsätze noch nicht so weit zur Geltung bringen können, daß ihnen von dem Vertrauen der Majorität des Volkes die Regierung übertragen worden wäre.

Es darf nicht Wunder nehmen, daß in einem Lande, welches sich nur demokratischer Einrichtungen zu erfreuen hat, noch von einer demokratischen Partei die Rede seyn kann. Hier ist aber wohl zu erwägen, daß sich die Partei die »demokratische« nennt, welche seit Washington am längsten an der Spitze der Geschäfte des Landes stand, somit die Mehrheit des Volkes bei weitem öfter für sich hatte und die Demokratie, die Volksherrschaft, im Sinne und Willen der Nation viele Jahre hindurch ausübte. Die Whigpartei legt sich, wie schon bemerkt, ebenfalls das Prädikat »demokratisch« bei und nennt sich durchgängig nicht anders, als »*the democratic republican whig party*«, während sie ihre Gegner mit dem Spottnamen »*Locofoco's*« beehrt, welche als »*the democratic republican party*« auftreten.

Jedermann wird es natürlich finden, daß, wie in allen Staaten, so auch in Nordamerika die heterogensten Ansichten über die Grundsätze herrschen, nach denen regiert werden soll. Sowohl die äußere Politik, wie die inneren Interessen des Landes geben einen reichen Stoff zu den verschiedenartigsten Beurtheilungen, aus welchen sich allmählig die Glaubensbekenntnisse der beiden großen Parteien herausgebildet haben.

Die Partei der Demokraten besteht hauptsächlich aus der Klasse der kleineren Gewerbsmänner, der Ackerbautreibenden und der großen Mittelklasse des Volkes, während in den Reihen der Whigs vorzüglich die großen Kaufleute, Bankhalter, Fabrikanten, Monopolisten und Alle die kämpfen, welche von ihnen ihren Unterhalt beziehen. Dem Leser wird bei dieser Zusammensetzung der Parteien leicht einleuchten, daß beide in Bezug auf die Handelspolitik, welche für Amerika von so hoher Wichtigkeit ist, sehr verschiedener Ansicht seyn müssen. Während die Whigs einen hohen Eingangszoll für diejenigen Artikel verlangen, welche das Volk in Massen consumirt und zum Leben unentbehrlich hat, wünschen sie einen niedrigen für Gegenstände des Luxus, welche nur dem Reichen zugänglich sind. Trotz aller Bemühungen fiel das Prinzip der Whigs im Jahre 1847, wenn auch nur mit der Mehrheit einer Stimme [8], durch, und die siegreiche demokratische Partei gab ein neues gerechteres Zollsystem, welches in den wenigen Jahren seines Bestehens die Behauptungen der Whigs glänzend widerlegte, daß durch dasselbe der Handel und die Fabriken der Vereinigten Staaten in Verfall kommen müßten. Trotzdem bieten sie noch heute alle ihre Kräfte auf, das ihnen verhaßte neue Zollsystem zu stürzen, was sie hauptsächlich durch die Erwählung eines Präsidenten aus ihrer Partei zu bewerkstelligen hofften. Ob aber ihr siegreicher Candidat, der bekannte General Taylor, welcher die Ablegung seines politischen Glaubensbekenntnisses vor der Wahl entschieden verweigerte und diese überhaupt nur seinen großen Verdiensten in Mexico zu verdanken hat, in dieser Frage eine andere Politik, als die 1847 angenommene, verfolgen wird, dürfte sehr zu bezweifeln seyn, da alle Zeichen darauf hindeuten, daß derselbe eine von den Parteien ganz unabhängige Stellung, wie der im Jahre 1840 ebenfalls von den Whigs gewählte Tyler, behaupten wird.

[8]: Diese gab der Vicepräsident Dallas im Senate zu Washington zu Gunsten der demokratischen Partei, wofür die Whigs in Philadelphia sein Bildniß in den Straßen verbrannten.

Einen zweiten Streitpunkt zwischen den beiden Parteien gibt die Gründung einer großen Nationalbank ab, welche die Whigs kräftig bevorworten und die Demokraten entschieden verwerfen. Die traurigen Erfahrungen, welche das amerikanische Volk mit der durch Präsident Jackson gestürzten Nationalbank machte, deren Finanzoperationen unwillkührlich an die Law'schen Schwindeleien in der ersten Hälfte des vorigen Jahrhunderts in Frankreich erinnern, sind indessen noch in zu frischem Andenken, als daß die Whigpartei auf einen Sieg in dieser Frage hoffen dürfte. Das Bankwesen hat überhaupt an den Demokraten sehr heftige Gegner, obschon sie es bis jetzt noch zu keinem entscheidenden Resultate bringen konnten, da dieses Uebel zu tief in Handel und Wandel Wurzeln geschlagen hat.

Zu einem erbitterten Kampfe zwischen den beiden Parteien führte die Einverleibung des Texanischen Gebietes, welches nach der Erringung seiner Unabhängigkeit in die Union aufgenommen werden wollte. Die Whigs kämpften, namentlich um den Eintritt eines neuen Sklavenstaates zu verhindern, mit aller Macht gegen die Annexation, und griffen den Präsidenten Polk, der sie durchführte, auf's Heftigste an. Ihre Polemik überstieg alle Grenzen der politischen Klugheit und Mäßigung, als durch diesen Act der Krieg mit Mexico herbeigeführt wurde, welchen sie trotz der Verletzung des Völkerrechts von Seite der Mexicaner einen ungerechten und unehrenvollen nannten und dadurch die Feinde ihres Vaterlands zu einem Widerstande ermunterten, der schon im Beginne wahnsinnig, zuletzt mit dem Verluste weiter Länderstrecken für Mexico endete. Die Whigs erwarben sich durch ihr damaliges Benehmen den Spottnamen »Mexicanische Whigs«. Jedoch muß ich hier zu Ehren dieser Partei erwähnen, daß nicht Alle von diesem Friedensfanatismus befallen waren; die Generale Taylor und Winfield

Scott, welche ihrer Partei angehörten, kämpften ruhmvoll an der Spitze der amerikanischen Armeen, und der Major Clay, ein Sohn eines ihrer berühmtesten Führer, des großen Staatsmannes Henry Clay, fiel auf dem Felde der Ehre.

In Betreff der Sclavenfrage sind die Ansichten beider Parteien ebenfalls sehr verschieden. Viele Whigs nehmen Antheil an den Bestrebungen der Abolitionisten, welche das sofortige und unbedingte Aufhören der Sclaverei wollen. Dieser wohlfeilen Humanitätsschwärmerei treten die Demokraten entschieden entgegen, da aus der plötzlichen Befreiung der Sclaven die unheilvollsten Folgen für die Vereinigten Staaten erwachsen würden; denn es stände in diesem Falle nicht allein die Lösung der Union, die nur durch die große Weisheit und Mäßigung Washingtons gegründet wurde, sondern auch ein Kampf zwischen der weißen und der farbigen Raçe zu befürchten, welchen in neuester Zeit als Folge zu rascher Emancipation die Franzosen in ihren Colonieen so sehr zu beklagen hatten.

Die Whigs machten vor mehreren Jahren in dem Staate New-York den Versuch, den freien Negern das volle Bürgerrecht und mit diesem das Stimm- und Wahlrecht einzuräumen. Als aber dem Volke die Entscheidung vorgelegt wurde, fiel die Frage mit großer Majorität, weil die öffentliche Meinung sich hinlänglich davon überzeugt hatte, daß zu einem solchen hohen Grade der Freiheit und bürgerlichen Berechtigung die Neger denn doch noch lange nicht genug Civilisation und Bildung besäßen. Namentlich fürchtete man, sie möchten von ehrgeizigen Parteimännern zu Parteizwecken gewonnen, und dadurch die Wohlthat der allgemeinen freien Wahl zum Fluche für das Land werden. Bei der Rohheit der Farbigen, bei ihrer übeln Ausdünstung und ihren vielen, der weißen Raçe höchst widrigen Gewohnheiten ist an einen engeren Verband, sey es im Staats- oder Familienleben, vorläufig noch gar nicht zu denken.

Der Leser wird aus dieser Charakteristik der beiden großen Parteien nun entnehmen können, welcher Art die Parteikämpfe in Amerika sind. Sie bleiben, einzelne Fälle, für die man die Parteien nicht verantwortlich machen darf, stets in den Schranken des Gesetzes, und jede fügt sich der Majorität, und wenn sie auch nur durch eine einzige Stimme errungen wurde. Der unterlegene Theil ist niedergeschlagen über die erlittene Schlappe, tröstet sich aber mit der Aussicht auf den Sieg bei dem nächsten Wahlkampfe.

Die kleineren Parteien, die Antirenter, Abolitionisten und Nationalreformer haben bis jetzt momentan nur dann eine größere Bedeutung erlangen können, wenn sie sich bei besonders wichtigen Wahlkämpfen mit der einen oder der anderen Hauptpartei verbanden und dieser durch ihre Unterstützung den Sieg verschafften. Von den letztgenannten Fraktionen haben wohl nur die Nationalreformer eine

Zukunft, da die Grundsätze der beiden ersteren viel zu einseitig und theilweise auch zu ungerecht und fanatisch sind, um auf einen Sieg hoffen zu dürfen.

Dreizehntes Capitel.
Die Nationalreformer. Deutsche communistische Colonieen.

Die Partei der Nationalreformer hat sich erst seit wenigen Jahren gebildet und organisirt. Ihre Entstehung verdankt sie dem Socialismus, welcher auch in Amerika Eingang gefunden und dort, und zwar nach den unglücklichen Erfolgen der L. Blanc'schen Experimente, bis jetzt allein praktische Seiten gewonnen hat. Zu ihren Anhängern zählt sie viele Demokraten und Whigs, eine ziemliche Anzahl Arbeiter, den kleineren Handwerksstand und eine Masse sonst indifferenter Personen, welche sich von der Realisirung der Grundsätze dieser Partei einen greifbaren Gewinn, nämlich einen kostenfreien Grundbesitz versprechen. Mancher meiner Leser wird hier bedauern, daß sich auch in Amerika schon Communisten, rothe Republikaner und Feinde des Eigenthums befinden, welche durch die Verfolgung unausführbarer Ideen allen gesetzlichen Boden unterwühlen und die Existenz der Republik gefährden. Dem ist aber zum Glücke nicht so; das amerikanische Volk hat einerseits viel zu viel Achtung vor dem von ihm selbst gegebenen Gesetz, andererseits betheiligt es sich nur bei solchen Parteibestrebungen, bei denen der günstige Erfolg fast außer Zweifel ist, denn es ist nichts weniger, als ein Freund unpraktischer und hohler Theorieen.

Die Nationalreformer gehen von dem Grundsatze aus, daß die Erde, der Grund und Boden Eigenthum Aller sey, und stellten daher das Axiom auf: »das Land soll frei seyn«, d. h. es soll nicht verkauft werden und nicht zum Gegenstand des Wuchers und der Spekulation dienen, da es gleich dem Feuer, dem Wasser und der Luft zum Leben unentbehrlich sey, indem der Mensch ohne Boden verhungern, wie der Fisch ohne Wasser verschmachten müsse.

Diese Partei beabsichtigt jedoch keineswegs, die Grundbesitzer in ihren wohlerworbenen Rechten zu kränken und bereits verkauftes Land unter sich zu vertheilen, sondern ihr Wirken geht dahin, den Verkauf des bis jetzt noch unverkauften und unbebauten Landes in Amerika zu verhindern, und von dem Congresse ein Gesetz zu erlangen, welches die Erwerbung von Grundbesitz nur dem wirklichen Bebauer gestattet. Dieses strenge im Auge behaltend, verlangen sie, daß jeder wirkliche Ansiedler unentgeldlich 160 Acres Land in Besitz nehmen könne; da aber »das Land frei seyn soll«, ist dem jedesmaligen Besitzer eines solchen Gütercomplexes der Verkauf, die Verpachtung und die Aufnahme von Hypotheken zu untersagen. In dem Falle des Aussterbens einer Familie fällt der Grundbesitz wieder dem Staate anheim.

Die Tragweite dieser Maßregel wäre bei praktischer Durchführung gar nicht zu ermessen, denn es würde durch sie nicht allein die mittlere Klasse Amerikas, welche sich im Besitze einigen Baargeldes befindet, in den Stand gesetzt, sich eine sichere Heimath zu gründen und unabhängig von Anderen zu leben, sondern auch bei dem Wegzuge von Arbeitern in's Innere des Landes der neuankommende Handwerker leichter und schneller untergebracht und dem Sinken des Arbeitspreises am besten vorgebeugt. Für das übervölkerte und vom Proletariate überschwemmte Europa würde die Durchführung dieses großen Gedankens ebenfalls ein Segen seyn, da vielen kleineren Bauern und Handwerkern, die sich in Europa nur höchst kümmerlich nähren, obschon sie einen kleinen Capitalwerth besitzen, die Auswanderung gewiß sehr erleichtert wäre, wenn sie die Summe für den Ankauf des Landes in Amerika nicht mehr zu entrichten hätten.

Der Ausführung selbst steht wenig im Wege, wenn man das Geschrei der Bankmänner und Capitalisten allenfalls nicht zu hoch anschlagen will, welche sich durch Landschacher in kurzer Zeit ein ungeheures Vermögen erworben haben, denn es liegen in dem weiten Gebiete der Vereinigten Staaten mit Einschluß des in Folge des Mexicanischen Friedensschlusses acquirirten Landes noch 1000 Millionen Acres Land unbebaut da. Mögen auch hiervon Millionen steril, versumpft oder wegen klimatischer Verhältnisse unbewohnbar seyn, so wäre doch vielen Hunderttausenden von Familien ein freier Grundbesitz erworben. Der raschen Lösung der Aufgabe, welche sich die Nationalreformer gestellt haben, steht nur ein Hinderniß entgegen, nämlich die Deckung des dadurch in der Staatskasse entstehenden Ausfalls, da der Landverkauf bis jetzt jährlich immer einige Millionen Dollars eingetragen hat. Es liegt aber außer allem Zweifel, daß eine der großen Parteien die Nationalreformer in der Durchführung der Bodenfrage unterstützen muß, da diese durch ihre rastlosen Bemühungen und namentlich durch die außerordentliche Thätigkeit eines eingewanderten Engländers, des Mr. Evans, zahlreiche Anhänger im Volke gefunden haben. Das von ihm redigirte Journal »*Young America*« hat sich im Jahre 1847 und 1848 einen weiten Leserkreis erworben und für die Grundsätze der Partei eine weitausgedehnte Propaganda gemacht.

Die Bodenfrage wurde im Jahre 1847 von einem großen Theile der demokratischen Partei in ihrem Hauptquartiere Tammany-Hall in einem großen und begeisterten Meeting als ein neuer Grundsatz ihres Glaubensbekenntnisses anerkannt, und seit jenem Tage sprechen sich auch immer mehr einflußreiche Stimmen im Congresse für sie aus.

Eine andere, weniger wichtige, jedoch immer tief in's Leben greifende Maßregel suchen die Nationalreformer noch in der Herabsetzung der Arbeitszeit auf 10 Stunden durchzusetzen. Der Staat hat schon seit längerer Zeit bei den Staatsbauten diesen Grundsatz adoptirt, und es wird selbst in den Manufacturen und Fabriken New-Yorks, wenn von ihnen die Arbeit nicht stückweise in Accord gegeben wird, die vor Morgens 7 Uhr und nach Abends 6 Uhr geleistete extra vergütet. Nur in den großen Baumwollenfabriken, namentlich in Lowell, wird noch 12 Stunden und länger gearbeitet.

Die Nationalreformer unterstützen bei den Wahlen keinen Candidaten, der nicht ihr *Pledge* unterzeichnet, d. h. welcher nicht die schriftliche Zusicherung ertheilt hat, daß er nach Kräften für die Bodenfrage thätig seyn will. Sie nehmen darauf bei allen, selbst bei den unbedeutendsten Wahlen strenge Rücksicht, um ihre Partei immer mehr zu vergrößern, und es ist ihnen bereits gelungen, diese schriftliche Zusicherung von mehreren einflußreichen Demokraten und Whigs zu erlangen.

Auch bei den Deutschen hat die Agitation für die Bodenfrage mächtig um sich gegriffen und durch eine tüchtige Organisation eine solche Verbreitung und Bedeutung erhalten, daß ein deutsches Blatt, »Der Volkstribun«, ein ganzes Jahr lang erschien, um durch dasselbe die Grundsätze der Nationalreformer unter den Deutschen in derselben Art zu verbreiten, wie sie Mr. Evans in seinem Blatte »*Young America*« bei den Englischsprechenden vertrat.

Einzelne deutsche Nationalreformer haben auch Versuche zur Gründung von communistischen Colonieen gemacht, welche aber, soweit sie mir bekannt wurden, sämmtlich scheiterten. Im Jahre 1847 machten sich Sechs von ihnen, welche von der praktischen Durchführung des Communismus überzeugt waren, auf, um hinter Wisconsin in den nördlichen Gegenden des Mississippi eine Probe mit dem Zusammenleben in Gemeinschaft zu machen. Sie verkauften ihre Mobilien in New-York, versorgten ihre Familien mit dem Nothwendigsten, da sie diese einstweilen bis zur Errichtung von Blockhäusern zurücklassen wollten, und machten sich gut ausgerüstet auf den Weg. Mehrere von ihnen waren Mechaniker und hatten vor ihrer Abreise eine Schneidemühle construirt, die sie in den westlichen Wäldern aufstellen wollten, um Bretter und Balken auf dem Mississippi nach den südlichen Märkten zum Verkauf bringen zu können. Als sie an den nördlichen Seen angekommen waren, kauften sie Vieh, und wollten sich nun mit Wagen und einer Masse von Geräthschaften aller Art weiter in's Innere begeben, als Ereignisse eintraten, welche das ganze communistische Bündniß lösten. Um nämlich mit Allem versehen zu seyn, was man in der Wildniß entbehren muß, hatten sie auch nicht vergessen, eine große Tonne Brandwein mitzunehmen, wofür sich namentlich Einer von ihnen, ein großer Liebhaber des Feuerwassers, so lebhaft interessirte, daß er den ganzen Tag nicht mehr von dem Spundloche wegzubringen war. Die Anderen, welche den gleichen Antheil hatten, wollten natürlich nicht zu kurz kommen, und so endete die ganze Unternehmung in der traurigsten Weise in abwechselnder Rauferei und Trunkenheit, nachdem sich vorher die besseren Elemente von ihnen entfernt hatten, um wenigstens noch Etwas aus dem gemeinschaftlichen Schiffbruche zu retten. Nach drei Monaten kamen Diejenigen, deren Weiber und Kinder bis dahin in der frohen Erwartung gelebt hatten, bald in das neue Eldorado eingeführt zu werden, leer zurück, da sie das Wenige, was noch übrig geblieben war, verkaufen mußten, um nur die Mittel zur Heimreise zu erlangen.

Ein anderes ähnliches Unternehmen scheiterte zwar nicht aus Mangel an Eintracht, Nüchternheit und Thätigkeit, trug aber schon deßhalb den Keim eines frühen Todes in sich, weil die Betheiligten bei der Anlage weit über ihre Mittel hinausgegangen waren, und zuletzt der dringend nothwendige Geldzuschuß ausblieb.

Die traurigen Folgen solcher Versuche sind meistens Verlust des Vermögens und Haß und Feindschaft zwischen den einzelnen Mitgliedern solcher Vereine. Sie waren jedoch immer nur Privatsache einzelner deutschen Mitglieder der Nationalreformpartei und diese hat in ihrer Gesammtheit nichts damit zu thun.

Vierzehntes Capitel.

Eintritt in ein neues Geschäft. Eine alte und eine neue Bekanntschaft.
Amerikanische Stutzer und Beutelschneider. Die New-Yorker Polizei.

Die Vergleichung und Beobachtung der verschiedenen Parteien gewährte
mir mannichfaches Interesse und manche Stunde wurde ihr gewidmet.
Obschon ich in der Zeit, in welcher ich die Functionen eines Lehrers für
meinen kranken Freund besorgte, genug Gelegenheit hatte, mich mit den
politischen und socialen Verhältnissen bekannt zu machen, so sorgte doch
das Schicksal in ganz besonders liebevoller Weise für die Erweiterung meiner
Erfahrungen dadurch, daß es mich als Arbeiter in die verschiedensten und
entgegengesetztesten Geschäfte des Lebens einführte.

Die Genesung meines kranken Collegen führte mich aus der Schule in
eine Rauchwaarenhandlung, wo ich die angenehmen Verrichtungen eines
Pelzklopfers und Packers ausführte. Als ich zum erstenmale in mein neues
Geschäft eintrat, kam ein alter Jenenser Universitätsfreund in einer blauen
Schürze auf mich zu, um mich zu umarmen, und ein anderer staubiger, im
Lager beschäftigter Arbeiter theilte mir, als er hörte, daß ich studirt habe, mit,
daß er in Göttingen zum *Doctor juris utriusque* promovirt worden sey. Ich
freute mich, gebildete Mitarbeiter zu finden, und wir lachten Alle herzlich
über die eigenthümliche Schickung, welche drei frühere deutsche Studenten
bei einem amerikanischen Kürschner zusammenführte.

Hatte ich mich in meiner Eigenschaft als Lehrer größtentheils auf mich
selbst beschränkt, so bot sich mir jetzt hinreichende Gelegenheit, mehr in's
Leben und unter Menschen zu kommen. Ich benutzte hauptsächlich die
Sommerabende, um mit meinen neuen Freunden an der Battery und am
Broadway zu promeniren. Früher schon erwähnte ich, daß der Broadway der
Sammelplatz der fashionablen Welt ist; man hat hier aber auch Gelegenheit,
Dinge und Menschen zu beobachten, welche dem Deutschen eben nicht
besonders fashionable erscheinen, z. B. die eleganten Dandys in den Hotels,
welche den vorübergehenden Damen aus den Parterrefenstern nicht etwa
ihre mit Wohlgerüchen geschwängerten Lockenköpfe, sondern den Glanz
ihrer Fußbekleidung präsentiren. Beim Eintritt in den Salon einer
Restauration nimmt ein solcher Stutzer seinen Brandy oder Gin zu sich, wirft
sich mit brennender Cigarre auf einen Armstuhl am Fenster in malerische
Situation und streckt seine übereinandergeschlagenen Beine über das
marmorne Fenstergesims auf die Straße hinaus. Dann überläßt er sich einer
tiefsinnigen Betrachtung dessen, was auf der Straße vorgeht, und nur selten
wechselt er einige Worte mit einem Bekannten. Mit gleicher Behaglichkeit
legt er auch die Füße auf den Tisch, ohne daß er glaubt, dies könne Jemand
mißfallen.

Diese Classen von Menschen sind mehr oder weniger in allen Hotels zu finden; obgleich sie, diese liebenswürdige Unverschämtheit ausgenommen, an welche man sich übrigens in Kurzem gewöhnt hat, ein feines und anständiges Benehmen zeigen, so hat der Fremde wie der Einheimische doch alle Ursache, sich so weit als möglich von ihnen entfernt zu halten, da unter der Maske eines solchen elegant gekleideten Dandys Individuen umherschleichen, bei denen das Mein und Dein eine solche Begriffsverwirrung hervorgebracht hat, daß sie gerne ihre Hand in die Taschen des Nachbars hinabgleiten lassen, um diesem sein Pocketbook zu entführen. Im Punkte der Dreistigkeit und Gewandtheit können sich diese Burschen getrost mit den routinirtesten Beutelschneidern des europäischen Continents messen, obschon sie gut genug wissen, daß, falls das Auge eines unberufenen Polizeimannes sie zufälligerweise bei ihrem gewinnbringenden Treiben überraschen sollte, sie auf längere Zeit von den Gerichten der Republik in die Unmöglichkeit versetzt werden dürften, ihr Gewerbe, das ihnen Unterhalt und Unterhaltung zugleich verschafft, zum Nachtheile des Publikums auszuüben.

Aber nicht allein die Industrieritter in modernen Kleidern sind dem Publikum gefährlich, sondern auch die Colleginnen der bekannten Laïs, welche in den feinsten Stoffen und dem geschmackvollsten Putze auf dem Trottoir des Broadway dahinrauschen und ihre Netze auswerfen, um die Fremden in den großen Hotels mitsammt der Baarschaft zu fangen. Großentheils stehen sie mit den obenerwähnten Gaunern in Verbindung, welche ihren Raub sofort in Sicherheit bringen.

Noch eine Erscheinung, welche ich ebenfalls nicht fashionable finden konnte, fiel mir bei meinen Wanderungen durch die Stadt auf, nämlich das freie Herumlaufen von Schweinen in den Straßen, welche sich dort Nahrung und Futter suchen. Wenn sich diese auch nicht in den Broadway verirren, da sie dort ohnfehlbar überfahren würden, so ist es immer unangenehm, bei schlechtem Wetter in den anderen Straßen der Gefahr ausgesetzt zu seyn, von diesen unreinlichen Thieren beschmutzt zu werden. Dieser Uebelstand wird jedoch von selbst aufhören, wenn die durch die Stadt zu führenden Kanäle sämmtlich ausgebaut seyn werden, da dann der Unrath, welcher jetzt in die Gossen geworfen wird und eine so bedeutende Attractionskraft auf diese Vierfüßler ausübt, direct in den Strom und in die See hinausgeht.

Trotz so mancher Uebelstände, die mir auffielen und nach meiner Ansicht auch dem Auge der Polizei nicht hätte entgehen sollen, hatte ich bis jetzt noch keinen Constabler gesehen, da ich mir dieselben ebenso geschmackvoll uniformirt dachte, als in Deutschland. Meine Begleiter erklärten mir aber, daß die Polizeimänner New-Yorks durchgängig Civilkleider tragen und nur an einem einfachen Messingstern erkenntlich sind, welchen sie auf der linken Seite der Brust am Rocke führen. Gehen sie auf Verfolgung aus, so nehmen sie denselben herab und befestigen ihn unter dem Rocke an der Weste, oder haben ihn in der Tasche bei sich, um sich im Nothfalle mit ihm als Diener des Gesetzes legitimiren zu können. Bei feierlichen Gelegenheiten erscheinen sie in schwarzem Frack und Hosen, und führen als Amtszeichen einen ohngefähr sechs Fuß hohen Stock, an dessen Spitze ein vergoldeter Knopf befestigt ist.

Obschon die Constabler in New-York eine sehr bedeutende Anzahl bilden, so haben sie doch einen ziemlich anstrengenden Dienst, da ihnen wegen gänzlichen Mangels an Militair, welches nur in sehr geringer Anzahl in Governers-Island und Fort Hamilton zur Bewachung der Geschütze und Arsenale liegt, ganz allein die Sicherheit der Stadt anvertraut ist. Trotzdem entflieht ihnen nur selten ein Verbrecher, und namentlich bei Nachtzeit, wenn es weniger lebendig in den Straßen zugeht, können sie gefährliche Subjecte leicht einholen, da sie auf eine eigenthümliche Weise ihre Collegen von deren Nähe in Kenntniß setzen. Sie sind nämlich bei Nacht mit einem starken Stocke bewaffnet, welcher unten mit Blei ausgegossen ist; sobald sie etwas Verdächtiges bemerken, lassen sie denselben auf das mit Granitquadern belegte Trottoir fallen, was einen hellen schrillenden Ton hervorbringt. Dieses Signal wiederholen alle Constabler in der Nähe der Reihe nach, und geben sich auf diese Weise fast so rasch wie durch einen Telegraphen die Kunde, daß Jeder auf seinem Posten steht und wachsam ist. Es ist kaum möglich, daß die Aufmerksamkeit sämmtlicher Mannschaft eines Distrikts in einem Augenblicke schneller rege gemacht werden kann, und die Flucht ist, wenn der Verbrecher beobachtet wurde, selten mit Erfolg ausgeführt worden.

Ich erinnere mich während meines Aufenthaltes mehrerer Fälle, wo Constabler flüchtige Uebertreter der Gesetze 800-1000 engl. Meilen weit verfolgten und sie glücklich zurückbrachten, trotzdem daß diesen fast jede Stunde Eisenbahnen und Dampfschiffe nach allen Richtungen hin zu Gebote standen.

Das Institut der New-Yorker Constabler ist deßhalb ein so vorzügliches, weil auch sie aus der allgemeinen Wahl hervorgehen. Es kann daher nur Derjenige zu einem solchen Amte gelangen, welcher das Vertrauen seiner Mitbürger genießt. Diese haben die gesetzliche Verpflichtung, den Polizeimann in der Ausübung seines Berufes zu unterstützen und ihm namentlich im Falle der Widersetzlichkeit bei Arrestationen zur Seite zu stehen, da diese nur bei Ergreifung auf frischer That oder gegen Vorzeigung eines richterlichen Verhaftsbefehls vorgenommen werden dürfen. Aeußerst selten hört man über Rohheit und Unmenschlichkeit bei Verhaftungen klagen, und die Constabler genießen die allgemeine Achtung, welche der europäischen Polizei nicht durchgängig gezollt wird.

Fünfzehntes Capitel.
Künstlerlaufbahn. Der Marmorpalast.

So angenehm meine Abende vergiengen, da ich in den Feierstunden immer etwas Neues und Anziehendes kennen lernte, so traurig und langsam schlich mir der Tag bei meinem einförmigen und schmutzigen Geschäfte dahin, welches mir trotz meiner studirten Collegen in der Mitte der ersten Woche bereits so verleidet war, als hätte ich es Jahre lang getrieben. Ich machte auch aus meiner Abneigung gegen die unangenehm riechenden Rauchwaaren kein Hehl, und da wollte es ein glücklicher Zufall, daß mich ein Deutscher für einen Maler engagirte, der die Ausmalung eines neuen prachtvollen Ladens im Broadway übernommen hatte. Der Wechsel war groß und bedeutend, statt Bären-, Reh- und Hirschfelle nahm ich den Pinsel zur Hand, betrat die hehre Künstlerbahn und malte durch Schablonen. Der Unterschied fiel mir schon deßhalb sehr auf, da ich nicht mehr so schwer zu arbeiten hatte, statt um 7 Uhr erst um 8½ Uhr Morgens mit meinem Tagewerke begann, welches schon um 5½ Uhr beendigt war, bessere Bezahlung erhielt und zu Alledem in ein Atelier eintrat, in welchem alle möglichen Landeskinder ihre Geschicklichkeit und ihren Fleiß entwickelten. Der Prinzipal war ein Italiener; außer ihm arbeiteten noch zwei Landsleute von ihm mit; die übrigen Maler bestanden aus vier Deutschen, einem Schottländer, einem Irländer, zwei Franzosen und mehreren Amerikanern, so daß man wie beim babylonischen Thurmbau im buntesten Durcheinander deutsch, französisch, englisch und italienisch sprechen hörte. Unser Aller Herr und Meister verstand, Deutsch ausgenommen, die drei anderen Sprachen ziemlich fertig. Wir mußten oft herzlich lachen, wenn er zu dem ersten Besten seiner Leute hinrannte und ihm blitzschnell in einer Sprache eine Menge von Aufträgen ertheilte, von der der Angeredete kein Wort verstand; dies amusirte ihn jedoch immer selbst am meisten, und sich an die Stirne schlagend entfuhr ihm in solchem Falle manches *Goddam!*

Das ganze großartige Gebäude, welches meine Kunst mit verschönern sollte und wegen seiner außerordentlichen Eleganz eine nähere Beschreibung verdient, ließ ein Amerikaner Namens Stewart aufführen. Die Hauptstadt des feinen Geschmacks, Paris, hat keinen solchen Laden, wie diesen von Grund und Boden neuerbauten aufzuweisen, welcher vom New-Yorker Publikum den stolzen, aber wohlverdienten Namen des Marmorpalastes erhalten hat, weil ähnlich der City-Hall die Hauptfronte mit Marmor überkleidet ist. Ueber mehrere Stufen von weißem Marmor gelangt man in einen breiten und tiefen Saal, dessen reich bemalte Decke von Säulen mit Capitälen von Gyps getragen wird. Rechts und links befinden sich zwei Reihen von polirten Fachgestellen, welche alle Modeartikel von den ordinairsten bis zu den kostbarsten enthalten. Diese Repositorien, welche den großen Saal in drei kleinere abtheilen, erheben sich jedoch nicht bis zu der Höhe der Decke, um die Weitläufigkeit des Ganzen überschauen zu lassen. Das Licht fällt bei Tage durch hohe Fenster mit ungeheuren Scheiben vom feinsten geschliffenen Glase in die inneren Räume, welche bei Nacht durch glänzende Gaslampen erleuchtet werden. Selbst dem gewandtesten Diebe dürfte es schwer fallen, in dieses herrliche und reiche Verkaufslokal einzubrechen, da in allen Fensterstöcken ein eiserner Falz angebracht ist, in welchen zu gleicher Zeit in Folge der Thätigkeit einer Maschine eiserne Läden von Oben nach Unten vor den Scheiben einfallen.

Geht man von dem Haupteingange in gerader Linie nach dem Hintergrunde, so gelangt man in eine große Rotunde, welche sich drei Stockwerke hoch erhebt und ihr Licht von einer großen Glaskuppel empfängt. Die hinterste Wand ist mit Spiegelglas getäfelt, was die Schönheit des Ganzen in's Vielfache vermehrt. Hier führet eine große, nach einer Reihe von Stufen sich nach der rechten und linken Seite hin theilende Treppe zu einer Gallerie empor, welche zu dem Verkaufslokale des ersten Stockes führt, welches die Größe des unteren Saales hat. Von da aus gelangt man auf einer einfachen Stiege in den zweiten Stock, in welchem die Vorräthe aufgespeichert liegen.

Wie man von der Rotunde nach Oben gelangen kann, so steigt man auch von ihr auf einer ähnlichen Treppe in die unteren Räume, in welcher die ankommenden Ballen und Kisten ausgepackt und die Waaren ausgezeichnet werden.

Neben dem reichsten Geschmacke zeigt sich allenthalben auch die Aufmerksamkeit für die Bequemlichkeit des Käufers, da vor jedem Ladentische kleine runde Stühlchen angebracht sind, damit namentlich das zartere, in die Herrlichkeiten der Mode versunkene Geschlecht die vorgelegten Artikel mit Muße betrachten und bewundern kann.

In diesem Geschäfte sind über 60 Commis thätig, welche die Sprachen aller civilisirten Völker sprechen. Diese wohnen sämmtlich in einem Hinterhause, in welchem einem Jeden von ihnen sein eigenes Zimmer angewiesen ist. Der Leser wird sich aus dieser Schilderung eine Idee von der Größe dieses Gebäudes machen können, in welchem noch die schöne und nützliche Einrichtung getroffen ist, daß ein Druckwerk laufendes Wasser in alle Stockwerke treibt. Jeder Besucher dieses herrlichen Etablissements wird gerne zugestehen, daß es in der That den Namen »Marmorpalast« verdient.

Sechszehntes Capitel.

Deutsches Leben in New-York. Geselligkeit. Wirthschaften. Brauerei. Ausflüge. Kirchweihen.

Mehrere Monate blieb ich bei meinem Italiener, welcher nach Beendigung der Arbeiten im Stewart'schen Laden mein Talent in einer Kirche verwandte, wo ich mich der höheren Kunst, nämlich des Ausmalens der Kirchendecke befliß. Die Beziehungen zu meinen Collegen blieben angenehm, und bald hatte ich mich auch an das amerikanische Leben gewöhnt, welches freilich von der deutschen gemüthlichen Geselligkeit gar Manches entbehrt. Im Ganzen lebte ich jedoch nach deutscher Art, da unsere Landsleute in New-York erfolgreiche Anstrengungen gemacht haben, wenigstens Etwas von den heimischen Sitten und Gewohnheiten zu erhalten und nicht in die frostigen Manieren des Amerikaners zu verfallen, welche bei Vielen nur zu sehr an den Engländer erinnern. Bei ihrer großen Anzahl konnte ihnen das nicht schwer fallen, zumal die dazu erforderlichen Elemente zur Genüge vorhanden sind.

In New-York fehlt es dem Deutschen nicht, wie so Manche annehmen, an gemüthlichen Sammelplätzen und Gesellschaftslokalen, in welchen sich Abends Bekannte und Freunde treffen. Die verheiratheten Männer gehen jedoch nach dem Gebrauche der Amerikaner die Wochentage wenig aus, sondern verbringen die Abende im Kreise ihrer Familien, mit welcher Einrichtung ihre Frauen vollkommen zufrieden sind. Auch die ledigen jungen Leute kommen im Durchschnitte die Woche nur einige Male an öffentliche Orte, selbst wenn sie den besten Verdienst haben, weil mit äußerst geringen Ausnahmen nicht daran zu denken ist, täglich dieselbe regelmäßige Gesellschaft genießen zu können. Ueberhaupt hat sich der Deutsche im Allgemeinen in Amerika von seiner Hauptleidenschaft, der Liebe zum Trunke, losgemacht, da der Amerikaner eine große Antipathie dagegen äußert und nur nüchterne Menschen von ihm ein freundliches Entgegenkommen zu erwarten haben. Deßhalb ist auch im Durchschnitt der Deutsche bei dem Eingebornen viel mehr geachtet, als der Irländer, welcher noch Nachts die Schnappsflasche mit in's Bett nimmt.

Die einzigen Tage in der Woche, in denen man unter den Deutschen allgemeine Geselligkeit trifft, sind der Sonnabend und der Sonntag. Am Samstag ist schon um 5 Uhr Feierabend und außerdem Zahltag, an welchem mancher leere Beutel eine fröhliche Heimsuchung erfährt. Gegen 7 Uhr füllen sich die Bierhäuser, die jedoch ohne Ausnahme nach amerikanischer Art eingerichtet sind, weßhalb man in ihnen außer dem Gerstensafte jeden Augenblick die verschiedensten Sorten Liqueure, Wein, Punsch und Glühwein bekommen kann. Gewöhnlich steht in der Nähe der Thüre der niemals fehlende Ladentisch (*counter*), hinter welchem sich ein Fachgestell mit verschiedenen Flaschen und Gläsern erhebt, das außerdem mit Blumen, bunten Muscheln, Springbrunnen u. s. w. geziert ist.

Die Deutschen halten sich im Ganzen, wie in der Heimath, an ihr Lieblingsgetränke, das Bier, weßhalb die Brauereien in Amerika in der letzten Zeit einen sehr bedeutenden Aufschwung erhalten haben. In New-York brauen mehrere bairische und badische Brauer ein Lagerbier, welches sich dem bairischen wohl unbedenklich an die Seite stellen darf. Gute Gerste und guter Hopfen erleichtern die Herstellung desselben. Bis jetzt fehlten nur die Felsenkeller, welche dort zwar leicht zu graben sind, aber einen bedeutenden Capitalaufwand erfordern. Mehrere Bierbrauer haben aber demohngeachtet den Anfang damit gemacht, was um so nothwendiger ist, als bis jetzt das Lagerbier in New-York schon Ende Juli ausgieng, da es an großen Lagerkellern gebrach, und man gerade in der größten Hitze genöthigt war, ein in den heißen Sommermonaten gebrautes obergähriges Bier zu trinken, welches unter dem Namen *small-beer* [9] bekannt ist, sich aber keines besonderen Rufes erfreut. Man kann jedoch fast das ganze Jahr Biere aus Philadelphia bekommen, welche wegen ihrer vorzüglichen Güte sehr beliebt wurden und besonders dann starken Absatz finden, wenn die New-Yorker Biere ausgegangen sind. Hie und da trinken die Deutschen auch Ale und Porter, obschon sie ihrem Gerstenbiere den Vorzug geben.

> [9]: Geringes, dünnes Bier, von den Amerikanern im Gegensatz zu ihrem *strong-beer* (starkem Bier) so genannt, welches die Deutschen jedoch nicht sonderlich lieben, da es einen herben bitteren Geschmack hat. Die deutschen Lagerbiere werden jedoch auch von den Amerikanern gerne getrunken.

Man kann nicht in Abrede stellen, daß es in den amerikanischen deutschen Schenklokalen weit anständiger zugeht, als in vielen in Deutschland; Zank und Streit ist selten zu hören, und wird ja Mancher einmal laut, so geschieht es im Eifer politischer Discussion, da auch hier der Deutsche seine Leidenschaftlichkeit und Heftigkeit nicht verläugnen kann. Während meines ganzen Aufenthaltes aber war ich nie Zeuge einer Schlägerei oder anderer Rohheit. Es mag dies zum Theil darin seinen Grund finden, daß sich in einer so großen Stadt die Gäste zu wenig kennen, und durch Spiele um Geld, welche streng verboten sind, keine Veranlassung zu Uneinigkeiten gegeben wird.

In den besseren Wirthschaften ist fast durchgängig ein Pianoforte zu finden, und es fehlt nicht an Personen, welche dieses Instrument sehr gut zu spielen verstehen. Ich habe mehrere Wirthe kennen gelernt, welche fertige Clavierlehrer anständig dafür honorirten, daß sie Sonnabend und Sonntag Abends ihre Gäste mit Gesang und gutem Spiel erfreuten. Sonntags ist auch an mehreren Orten gute deutsche Harmoniemusik zu finden, welche ebenfalls ein großes Publikum anzieht; namentlich erscheint hier die New-Yorker deutsche Frauenzimmerwelt, welche Nachmittags nicht über Land gehen konnte. Diese Häuser waren weitaus am meisten besucht, da außer den musikalischen Genüssen die besten deutschen Zeitungen aus der ganzen Union und die gelesensten New-Yorker Blätter, nebst Billard und Kegelbahn den Besuchern zu Gebote stehen.

Den Sonntags-Nachmittag benutzen die Deutschen hauptsächlich zu Ausflügen auf das Land. Die besuchtesten Orte sind das Blumenthal (*Bloomingdale*) und Hoboken. Erstere Partie macht man entweder zu Fuß oder mittelst einer Eisenbahn, welche sich unmittelbar von City-Hall aus, also fast von Anfang der Stadt bis an ihr Ende hinauszieht, und gewöhnlich bei unsern deutschen bäuerlichen Einwanderern das größte Erstaunen erregt, denn wenn sie auch in Europa diese neuen Eisenwege kennen gelernt haben, so erscheint es ihnen doch wunderbar, daß man sie auch durch die Straßen einer Stadt hindurchführt. Aber eine ebenso große Aufmerksamkeit, als sie der Eisenbahn widmen, wird ihnen von den hin und herpromenirenden amerikanischen Lady's und Gentlemens erwiesen, besonders wenn unsere Landsleute im langen Rock mit blanken Knöpfen, rothen Westen, kurzen Leder-Hosen und einem großen Dreimaster, und die Weiber und Mädchen mit kurzen Röcken, Schnallenschuhen und Hauben mit breiten Bändern erscheinen. Diese Tracht entlockt selbst den Deutschen ein Lächeln, welche länger in New-York wohnen und diesen weiland gewohnten Anblick jetzt selten genießen.

Um auf das Blumenthal selbst wieder zurückzukommen, so diene hier zur Nachricht, daß dieses ein nicht kleiner Stadtbezirk ist, in welchem fast ausschließlich Deutsche, jedoch nur die kleineren Handwerker und Arbeiter wohnen. Hier fehlt es nicht an zahlreichen deutschen Kneipen, die jedoch ihrer großen Mehrzahl nach nicht sehr einladend sind; überhaupt möge sich der geneigte Leser keinen zu hohen Begriff von diesem Blumenthal machen, da es nichts weniger als diesen Namen verdient. Nur der Theil, welcher noch wenig angebaut ist und einige Gärten mit schöner Aussicht auf den Hudson und Blackwellisland, eine Art Correctionsanstalt (der Plassenburg im Zwecke wie in der romantischen Lage gleich), in sich schließt, verdient diesen Namen.

Hoboken ist ohnstreitig ein viel angenehmerer Vergnügungsort. Um dahin zu gelangen, muß man, da es auf dem Festlande liegt, über den Northriver fahren, was das Publikum sehr anzieht, da man statt des erstickenden Staubes auf dem Blumenthaler Ausfluge hier die erquickende und erfrischende Seeluft einathmet. Auf der New-Yorker Seite sind drei Fähren, von welchen aus man alle fünf Minuten auf Dampfschiffen über den Hudson gelangen kann. Der Preis ist so billig gestellt, daß es selbst dem

Aermsten möglich ist, ihn zu zahlen, denn er beträgt nur 6 Cts. [10], wofür man noch die außerordentliche Begünstigung hat, so oft man will, ohne alle weitere Nachzahlung, den Weg hin und her machen zu können, wenn man nicht vom Boote herabgeht. Sorgsame Mütter schicken während der heißen Jahreszeit ihre Kinder täglich auf diese Dampfboote, damit sie eine gesunde Bewegung haben, ohne der Gefahr des Sonnenstiches ausgesetzt zu seyn, welcher viele Opfer fordert. In Hoboken selbst fehlt es nicht an angenehmen Anlagen und comfortablen Plätzen, wo Erfrischungen gereicht werden, und besonders deutsche Wirthe haben sich hier in ziemlicher Anzahl niedergelassen, um ihre deutschen Gäste nach deutscher Weise mit Kaffee und Milchbrod, wie Butter, Schweizerkäse und gutem Bier bewirthen zu können.

[10]: 9 Kreuzer oder 2½ Ngr.

Auch andere deutsche Vergnügungen, welche bis jetzt in Amerika noch nicht recht heimisch werden wollten, haben unsere Landsleute dort einzubürgern gesucht, namentlich die in Deutschland jährlich wiederkehrenden Kirchweihen. Die Rheinländer feiern großentheils die Kirchweihtage ihrer Heimath, obschon das eigenthümliche Gepräge eines solchen Festes verloren geht, wenn es ausschließlich von Städtern gefeiert wird. Ich hatte Gelegenheit, in New-York die Dürkheimer Kirchweih mitzumachen, welche von Einwanderern aus dieser Stadt und deren Umgegend in einem Garten festlich begangen wurde. Bis auf die Kaufbuden, welche mangelten, hatte das Ganze ziemlich den Character einer deutschen Kirchweih, denn es wurden uns nicht allein in Fülle deutsche Brat-, Blut- und Leberwürste nebst Sauerkraut, sondern auch edler Pfälzerwein, ächter 46er geboten; auch fehlte dem munteren Kreise nicht das höchste Gut, welches uns Speis und Trank erst würzet, der Frohsinn und die Heiterkeit. Schöne Gesänge wechselten mit guter Musik ab, und die Feier schloß mit einem gemüthlichen Tänzchen und einem Toaste auf das geliebte deutsche Vaterland.

Ein anderes, jedes Jahr mehrmals wiederkehrendes Vergnügen sind die gemeinschaftlichen Ausflüge der Deutschen. Ein zu diesem Zwecke gewählter Comité miethet ein Dampfschiff für einen Tag, und Morgens 5 Uhr geht es mit Weib und Kind in's Freie. Diese Gesellschaften zählen oft 6-700 Personen, welche für einen Tag ihre Alltagsbeschäftigungen vergessen, um die freie Natur und das schöne Hudsonthal zu genießen. Gewöhnlich sucht man schon mehrere Tage vorher 25 bis 30 englische Meilen von New-York einen schönen Platz aus, um an demselben auszusteigen und sich zu vergnügen. Die Fahrt schon verbreitet allgemeine Lust; es fehlt nicht an kühlenden Getränken und guten Speisen, welche die sorgsamen Hausfrauen schon Tags vorher zubereiten, um die Freunde der Familie auch außerhalb New-York auf ein deutsches Gericht einladen zu können. In dem elegant ausgestatteten Schiffssalon spielt eine gute deutsche Musik, welche zum Tanze auffordert, und in bunter Reihe folgen Gesänge, Reden, Deklamationen u. s. w. Die Amerikaner machen sehr häufig diese Partieen mit, und erinnern sich ihrer immer mit großem Vergnügen, da sie unter sich selten so viel Herzlichkeit und Gemüthlichkeit finden.

Siebenzehntes Capitel.
Die Feier des Maifestes in New-York. Gesangvereine. Deutsche Bälle.

Der geneigte Leser wird aus dem vorigen Capitel ersehen haben, daß es dem Deutschen in Amerika keineswegs an geselligen Vergnügungen gebricht; einem Feste aber, welches alljährlich begangen wird, möchte ich vor allen anderen den Vorzug geben, nämlich dem Maifeste. Die vielen schönen Erinnerungen, welche sich an den ersten Mai, an den Verkündiger des Frühlings, und an die Heimath knüpfen, haben die Deutschen veranlaßt, diesen Tag auch in der Ferne nicht ungefeiert vorübergehen zu lassen, und so finden sich an demselben alljährlich viele Tausende zusammen, um im Freien die Schönheit des Lenzes zu genießen.

Die Deutschen kommen in Amerika und vorzüglich in New-York niemals bei einer außerordentlichen Gelegenheit zusammen, ohne einem Feste durch passende Reden eine höhere Weihe zu geben; am wenigsten dürfen diese an einem Freudentage, wie der erste Mai fehlen. Die Redefreiheit ist unbeschränkt; um jedoch der Gesellschaft wenigstens einige gediegene Vorträge zu sichern, ersucht der Festcomité immer schon acht Tage vorher einige beliebte Volksredner, an diesem Tage die Tribune zu betreten. Erst wenn diese geendigt haben, kann Jeder ohne Ausnahme um's Wort bitten, wobei dem Zuhörer natürlich unbenommen bleibt, zuzuhören oder sich zu entfernen.

Eines der schönsten Maifeste wurde im Jahre 1847 auf einer Anhöhe hinter Hoboken gefeiert, von wo aus man ganz New-York mit seinen Inseln übersehen und die Blicke weit hinaus auf die hohe See schweifen lassen konnte. In einem freundlichen Wäldchen wurde der Festplatz aufgeschlagen, die deutsche schwarz-roth-goldene Flagge zwischen zwei amerikanischen auf dem höchsten Baume aufgezogen und eine mit Laub- und Streuguirlanden geschmückte Tribune errichtet. Vormittags schon hatten sich Hunderte auf dem grünen Rasen gelagert, obschon die eigentliche Feier erst Nachmittags zwei Uhr beginnen sollte.

Die Eröffnung machte ein Männerchor, welchem mehrere vorzüglich ausgearbeitete Festreden folgten. Eingeborene Amerikaner, vorzüglich solche, welche der deutschen Sprache mächtig waren, hatten sich zahlreich eingefunden, und zu Aller Freude erschien kurz vor dem Beginne der verschiedenen Vorträge einer freundlichen Einladung zufolge der amerikanische Dichter Bryant [11], ein großer Verehrer deutscher Literatur und Musik. Er ergriff auf allgemeines Bitten auch das Wort und wies mit warmem Gefühl auf die Verdienste hin, welche sich die deutschen Einwanderer in Amerika erworben hätten, characterisirte den Forschungsgeist und den tiefen wissenschaftlichen Sinn unserer Nation, dem auch das amerikanische Volk so viel zu verdanken habe, und schloß mit einem Hoch auf den deutschen Genius und auf die Bande der Liebe, welche Deutschland und die Vereinigten Staaten für immer umschlingen sollen. Der Präsident des Festcomités erwiderte seine mit dem größten Beifall aufgenommene Rede, indem er den Wunsch aussprach, daß die schönen Beziehungen zwischen Amerikanern und Deutschen immer mehr an Innigkeit gewinnen möchten. Nach dem Schlusse der im Programme vorgeschriebenen Feierlichkeiten bildeten sich die muntersten und lebendigsten Gruppen in dem frischen Grün, Gesang mit Guitarrebegleitung und Musik schallten durch den Wald, und erst spät Abends kehrten die Theilnehmer in die Stadt zurück.

> [11]: Bryant ist durch Ferd. Freiligrath, welcher einige seiner
> lyrischen Gedichte übersetzt hat, auch in Deutschland
> bekannt geworden.

Das ganze deutsche Leben in New-York hat durch den Gesang einen neuen Reiz erhalten. Diese schöne Blume, welche unserem Daseyn so manche reine Wohlgerüche spendet, ist von den eingewanderten Deutschen sorgfältig gepflegt und gewartet worden; jedoch bildete sich erst im Jahre 1847 in New-York ein größerer Gesangverein, welcher in wenigen Wochen gegen 120 active und passive Mitglieder zählte. Derselbe trennte sich zwar im ersten Jahre wieder, aber es waren so viele gute Sängerkräfte vorhanden, daß zwei Liedertafeln daraus entstanden, welche ziemlich strenge Kunstrichter befriedigen. Beide Vereine halten ihre regelmäßigen Proben, und geben öfters zahlreich besuchte Productionen. Bei den Amerikanern haben die Leistungen der deutschen Sänger eine solche außerordentliche Anerkennung gefunden, daß man sie zu verschiedenen Malen zur Mitwirkung in den größten Concerten einlud. Dadurch ermuntert, beschlossen sie im Winter 1848, in dem Alhambra-Salon, einer eleganten, im maurischen Style aufgeführten Restauration eine großartige Production zu geben, welche sich den entschiedensten Beifall von Seite aller Musikfreunde errang. Besonders erregte der »Speisezettel von Zöllner« viel Vergnügen, obschon die meisten Amerikaner von dem Texte nichts, als das Wort »*beefsteak*« verstanden.

Aus den Gesangvereinen haben sich verschiedene Quartette gebildet, welche schon manchen Freundeskreis mit ihrem Gesang erheitert haben; selbst die Ständchen sind durch sie in Amerika eingebürgert worden, und oft kann man um Mitternacht die schönen Liederklänge Deutschlands in den einsamen Straßen erschallen hören.

Eine weitere Abwechslung und Erholung geben die zahlreichen Bälle, welche jedoch das Unangenehme haben, daß sie wegen der strengen Sonntagsfeier niemals Sonnabends oder Sonntags gehalten werden können.

Die gewöhnlichen Tage für Tanzvergnügungen sind daher der Montag, Dienstag und Donnerstag geworden. Versuche, das Tanzen auf dem Lande am Sonntag trotz Gesetz und Polizei durchzusetzen, sind einige Male durch hinzugekommene Constabler zum nicht besonderen Ergötzen der dabei betheiligten Damen vereitelt worden.

Die Zahl der Bälle in New-York ist außerordentlich groß, was in der Existenz der vielen Freimaurerlogen, Krankengesellschaften, politischen und anderen Vereinen seinen Grund hat, welche sie insgesammt als eine willkommene Gelegenheit benützen, ihren Kassen den so nothwendigen Zuschuß zuzuführen. Zu dem Ende sendet immer der Ballcomité eines Vereins an seine Bekannten und Freunde Einladungskarten, welche mindestens einen Dollar kosten; es kommt jedoch sehr häufig vor, daß für sie 2-5 Dollars bezahlt werden müssen, was natürlich Manchen hindert, ein so theures Vergnügen mitzumachen. Männer, welche wegen ihrer Geschäftsverbindungen oder wegen ihrer politischen Stellung eine ausgedehnte Bekanntschaft besitzen, können sich buchstäblich vor solchen Ballkarten gar nicht retten, die eine um so größere Last für sie sind, da sie die Sache mit dem Bezahlen derselben allein nicht abmachen können, indem man auch noch ihr persönliches Erscheinen auf dem Balle erwartet.

Die deutschen Bälle tragen ziemlich denselben Character, wie in Deutschland, während die amerikanischen sich mehr den französischen und englischen annähern; doch werden auf ihnen auch deutsche Tänze getanzt. Maskenbälle sind gänzlich unbekannt, da sie verboten sind, und man muß deßhalb auf ein Vergnügen verzichten, welches sich in einigen Städten des deutschen Vaterlandes wegen der besonderen Pracht, des guten Humors und des trefflichen Geschmackes, wie z. B. in Mainz, Cöln und München, einen beinahe classischen Namen errungen hat. Die Deutschen haben wohl in Privatzirkeln kleine Maskenscherze aufgeführt, es kann aber ein solches Vergnügen wenig Reiz gewähren, wenn sich sämmtliche Theilnehmer schon vorher kennen, und sie im Falle des Bekanntwerdens noch gesetzliches Einschreiten zu gewärtigen haben.

Eine Eigenthümlichkeit der New-Yorker Bälle ist auch noch die, daß die Herren ihre Damen nach 12 Uhr zur *Table d'hôte* führen, welche ohngefähr eine Stunde dauert und dazu beiträgt, das Tanzvergnügen noch etwas kostspieliger zu machen, als man es in Deutschland gewohnt ist. Während dieser Pause werden bei den Deutschen sehr oft Quartette gesungen, die gewöhnlich diejenigen Gäste sehnlich herbeiwünschen, welche keine Freunde einer so späten und theuern Tafel sind.

Achtzehntes Capitel.

Das Leben und die Sitten der Amerikaner. Ihre Religiosität.
Temperenzmänner. Rechte der Frauen.

Es läßt sich nicht in Abrede stellen, daß die Deutschen manche Sitten und Gebräuche von den Amerikanern angenommen haben; dieses kann man sich aber aus den vielen gegenseitigen Berührungen leicht erklären. Im Wesentlichen ist jedoch das Leben und das Thun und Treiben der Eingebornen ein ganz anderes. Während der Deutsche ein offenes und zutrauliches Gemüth zeigt, bleibt der Amerikaner mehr in sich selbst zurückgezogen, und ist nur dann redselig, wenn er in seinem Geschäfte steht und Geld verdienen will, oder wenn ihn eine wichtige politische Streitfrage beschäftigt. Begegnen sich befreundete Amerikaner am Tage auf der Straße, so gehen sie mit einem flüchtigen Gruße an einander vorüber, denn die Zeit des Verdienstes ist da, in welcher Keiner den Andern aufhält; die Deutschen dagegen müssen einen kleinen Halt machen und ein Wort mit einander wechseln, und wenn sie nur fragen: Wie geht es? Was macht die Frau? u. s. w. Nichts characterisirt den Amerikaner mehr, als seine Vorliebe zum Geld, ja man kann sagen, daß er oft den Menschen nur nach seinen Vermögensverhältnissen beurtheilt. Macht er eine neue Bekanntschaft, so unterläßt er nicht zu fragen, »wie viel sie werth sey«, und die Antwort erst gibt ihm den Maßstab zur höheren oder niederen Achtung. Er scheut keine Gefahren, um reich zu werden; er geht in die Lager der Indianer und wagt seine Kopfhaut, um ein gutes Geschäft zu machen, und durchdringt die Urwälder, um sich neue Absatzquellen zu eröffnen. Seine zähe Ausdauer ist wahrhaft bewundernswürdig; er arbeitet rastlos fort, wenn er Millionen erworben hat, läßt seine Thätigkeit aber nicht sinken, wenn ihn eine unglückliche Spekulation um Alles gebracht hat; er fängt wieder von vorne an, und seine alten Geschäftsfreunde unterstützen ihn nach Kräften, wenn er keinen betrügerischen Bankerott gemacht hat; gerade Diejenigen, welche durch ihn Verluste erlitten haben, suchen ihn wieder in die Höhe zu bringen, da sie nur in diesem Falle an einen Wiederersatz denken dürfen. Beispiele hiervon finden sich in New-York, wo mehrere Kaufleute in Bezug auf ihre Vermögensverhältnisse den merkwürdigsten Glückswechsel erfahren haben; heute noch Millionaire, waren sie am anderen Tage Bettler, um in wenigen Jahren wieder als vermögende Männer dazustehen.

Schon an dem Anzuge erkennt man den Amerikaner und den Deutschen. Der Letztere kleidet sich in die verschiedensten Farben, der Erstere liebt, der großen Mehrzahl nach, und besonders, wenn er dem Handelsstande angehört, den schwarzen Frack oder Rock, die schwarzen Beinkleider und den schwarzen runden Hut. Nur während der heißen Jahreszeit vertauscht er diese dunkle Tracht mit hellen und leichten, entweder blau und weiß oder roth und weiß gestreiften Baumwollenkleidern. Die Klasse der Arbeiter, welche natürlich keine Rücksichten auf feine Stoffe und eleganten Schnitt nehmen kann, erkennt man aber fast ohne Ausnahme an der wachstuchenen Mütze, welche sich auch die deutschen Handwerker gleich nach ihrer Ankunft zulegen, da sie nicht allein die gewöhnlichste und leichteste, sondern auch die billigste Kopfbedeckung ist. Der Amerikaner sieht in den Wochentagen wenig auf äußere Eleganz – den Geschäftsmann genirt ein Loch im Aermel sehr wenig –; dafür nehmen sie streng Rücksicht auf Reinlichkeit in der Wäsche, und selbst der schlechtbezahlteste Arbeiter wechselt wöchentlich drei bis vier Mal frische Hemden, obschon dies in New-York eine bedeutende Ausgabe verursacht, da für das Dutzend ohne allen Unterschied, ob es Sacktücher, Vatermörder oder Hemden sind, ³⁄₄ Dollar gezahlt werden müssen.

Obschon die Amerikaner, insbesondere nach unseren Begriffen, sehr wenig gesellig sind, so habe ich doch Mehrere kennen gelernt, welche das deutsche Leben sehr anzog. Vor Allem will ich hier eines jungen Mannes aus Virginien Erwähnung thun, welcher Medicin studirte und in dasselbe Haus zog, in dem ich wohnte, um dort Deutsch zu lernen, da er nach Vollendung seines akademischen Studiums in New-York zu seiner weiteren Ausbildung einige Jahre in Berlin zubringen wollte. Schon in seiner Heimath Virginien hatte er von einem Deutschen so viel Kenntniß von unserer Muttersprache erlangt, daß er Schillers Gedichte ziemlich fertig lesen und verstehen konnte. Namentlich interessirte er sich sehr für die deutschen Zustände und fragte zuweilen nach dem Grunde und der Ursache mancher deutschen Staatseinrichtungen mit einer Naivität, welche selbst einen vormärzlichen Staatsmann in Verlegenheit gesetzt haben dürfte, da seine Polemik gegen dieselben von vieler Klarheit und angeborner Freisinnigkeit zeugte und außerdem sehr ruhig und natürlich war. Am wenigsten konnte er das Wesen der Censur begreifen; ich mußte ihm erst eine Geschichte dieses Instituts und eine Schilderung seiner eigentlichen Thätigkeit geben, bis er sich von demselben eine richtige Vorstellung machen konnte. Oft sprach er seine Verwunderung gegen mich darüber aus, daß das deutsche Volk bei dem Bestehen der Censur sich in geistiger Beziehung so hoch emporschwingen konnte, während das amerikanische bei aller seiner Freiheit die Wissenschaften bis jetzt noch viel zu wenig cultivirt habe. Ferne von aller Engherzigkeit verkannte er die Tugenden und Vorzüge der Deutschen nicht, liebte und achtete aber, wie jeder Amerikaner, sein Vaterland wieder viel zu hoch, um dessen Freiheit und Wohlfahrt nicht höher zu schätzen, als Deutschlands literarische Größe.

Wie die meisten Amerikaner hielt auch er ungemein viel auf die strenge Feier des Sonntags, welche den Deutschen einen reichhaltigen Stoff zu Raisonnements liefert. Es gibt auch wohl kaum etwas Lästigeres, als die

Beobachtung von Gesetzen, die aus den Sonntagen einen jede Woche regelmäßig wiederkehrenden Buß- und Bettag gemacht haben. Der Amerikaner geht Sonntags wenigstens zweimal in die Kirche; vielfach besucht er aber auch den Abendgottesdienst, welcher im Winter bei Licht gehalten wird. Man ist sogar so weit gegangen, es als die Pflicht eines verlobten jungen Mannes zu betrachten, daß er seine Braut Sonntags zweimal zur Kirche führt. In den gebildeteren Familien ist man mit dieser Art Sonntagsfeier noch nicht einmal zufrieden, sondern es wird auch noch der Abend religiösen Betrachtungen gewidmet und mit dem Singen geistlicher Lieder oder dem Spielen von Chorälen und Kirchenmusik auf einem Claviere hingebracht. Ich habe immer diese übertriebene Religiosität für einen krankhaften Auswuchs gehalten, wofür namentlich auch die Thatsache spricht, daß der amerikanische Sonntagsbetbruder sich nicht im Geringsten genirt, am folgenden Montage seinen Mitchristen auf die schändlichste Weise zu prellen und zu übervortheilen. Trotz dem Zuschautragen religiöser Gefühle und Empfindungen glaube ich doch, daß in Deutschland, obschon da vielfach getanzt, musicirt und getrunken wird, eine tiefere Frömmigkeit zu finden ist, als in New-York, wo man großentheils mit der Beobachtung der äußeren Formen zufriedengestellt ist. Ich kenne nur eine Tugend, welche aus diesem scheinheiligen Treiben der Amerikaner hervorgegangen ist, nämlich ihr Abscheu gegen das rohe Fluchen, Schwören und Schimpfen, welches man bei den Deutschen leider so häufig findet. Außerhalb des Geschäftslebens ist der Amerikaner auch sehr wahrheitsliebend, und man kann ihn nicht empfindlicher beleidigen, als wenn man ihn der Lüge zeiht. Diese Injurie wird auch vom Gesetze besonders strenge geahndet! Besonders anerkennend muß ich hier bemerken, daß sich der Amerikaner trotz der strengen Beobachtung äußerer Religiosität und seiner Anhänglichkeit an seinen Gottesdienst doch ganz von den Vorurtheilen gegen Andersdenkende losgemacht hat und die Intoleranz kaum dem Namen nach kennt. Am schönsten hat er dies im Jahre 1847 bei Gelegenheit der Revision der Verfassung des Staates New-York bewiesen, gemäß welcher man vor den Gerichtshöfen dieses Staates den Eid in beliebiger Form leisten kann, ohne daß dessen Rechtsgültigkeit im Geringsten angefochten werden kann. Vorurtheile, wie man sie in Europa und namentlich in Deutschland gegen die Israeliten hegt, sind dem Amerikaner vollkommen fremd; er macht keinen Unterschied zwischen Juden und Christen, sondern achtet den am meisten, welcher seine Würde als Mensch am besten zu wahren versteht.

Hand in Hand mit ihrem äußeren Frömmigkeitswesen gehen die ebenso einseitigen Bestrebungen der Mäßigkeitsprediger (Temperenzmänner), welche ihren Fanatismus so weit treiben, daß sie den Genuß von Wein, Bier und aller Art von Spirituosen gänzlich verbieten. Man sollte kaum glauben, daß für eine solche Lehre viele Anhänger zu gewinnen wären; zu meinem größten Erstaunen hat sie diese aber gerade in einem Stande gefunden, welcher sonst die wenigste Neigung zur Mäßigkeit hat und stärkende Getränke auch am wenigsten entbehren kann, nämlich im Stande der Arbeiter. Die Grundsätze dieser Temperenzmänner haben eine unglaubliche Verbreitung gefunden, die übrigens leicht erklärlich wird, wenn man die rastlose Thätigkeit und die unermüdliche Agitation dieser Leute kennt. Sie sind gut organisirt und in Logen eingetheilt, aus welchen zunächst ihre Propaganda hervorgeht, die sich besonders Sonntag Nachmittags in der Nähe des Hafens sehr bemerkbar macht. Irgend ein Mitglied, welches sich hinreichende Rednergabe zutraut, die die Amerikaner überhaupt, an öffentliches Leben gewöhnt, mehr oder weniger besitzen, besteigt mitten in der Straße einen Tisch oder Stuhl und hält einen von dem heftigsten Geberdenspiele begleiteten Vortrag, in welchem dem Zuhörer auf das bündigste bewiesen wird, daß nur die vollkommene Enthaltung von allen geistigen Getränken den Menschen physisch und moralisch gut erhalten könne, und selbst der mäßigste Genuß wegen des verführerischen Reizes zur Ausschweifung gefährlich sey. Eine Unmasse von Traktätleins in allen Sprachen zählt die grauenhaftesten Historien von Gatten-, Kinder- und Vatermord und anderen haarsträubenden, im Zustande der Trunkenheit verübten Verbrechen auf, um das Gemüth des Lesers zu erschüttern und zur Aufnahme der Temperenzlehre geneigt zu machen. Abscheulich gezeichnete Bilder, welche den Künstler mit Grauen erfüllen, sollen solche Scenen noch mehr versinnlichen, und mögen bei zur Schwärmerei geneigten Naturen ihres Eindruckes auch nicht verfehlen.

Mehr aber, als alle Traktätlein und schlechten Reden der Temperenzmänner hat die schlaue Berechnung ihnen Anhänger gewonnen, daß sie nur solchen Arbeitern einen Verdienst zuwenden, welche in ihren Mäßigkeitsbund eingetreten sind. Sie haben sogar eigene Dienstbotenbureaux errichtet, in welchen Temperenzdienstboten gesucht werden, die sich über ihre wirkliche Mitgliedschaft förmlich ausweisen müssen. Ihre Lebensmittel kaufen sie nur bei Temperenzmännern, da die anderen Spezereihändler sämmtlich Spirituosen verkaufen und deren Waaren sonach nicht koscher sind.

Die unsinnige Lehre dieser Leute, welche dem Menschen selbst den vernünftigsten und mäßigsten Genuß der edlen Gaben Gottes entzieht, führt ebenfalls zur Heuchelei, zur Verstellung und zum Meineid; mancher Temperenzmann, welcher beim Anblicke eines Glases Wein oder Bier scheinheilig die Augen verdreht, hat zu Hause einen geheimen Schrank in der Wand, in welchem Getränke aller Art verborgen sind. Ein Deutscher, der längere Zeit in Boston gelebt hat, erzählte mir, daß er manchen vergnügten Abend mit Temperenzmännern bei der Punschbowle zugebracht habe, von denen Niemand erwartete, daß sie ihre Satzungen übertreten würden.

Dieser Unfug hat auch in New-York sehr um sich gegriffen; der Mäßigkeitsmann genießt aber dort, da er sich nicht ganz auf Wasser setzen will, ein Wurzelbier von bitterem Geschmack, das s. g. *root-beer*, welches nicht berauscht. Den wenigsten Anklang hat diese Art von Enthaltsamkeit bei den Matrosen gefunden, denen man übrigens einige Sympathie für einen solchen Verein wünschen möchte.

Wie ich schon mitgetheilt habe, lebt der Amerikaner vorzüglich seinem häuslichen Kreise, weßhalb auch gemeiniglich seine Zimmer viel eleganter und wohnlicher eingerichtet sind, als bei den Deutschen. Selten logiren in einem Hause mehr als zwei Familien, da er Ruhe und Stille in seiner Wohnung liebt, wenn er sich von dem Geräusche seines Geschäftes zurückgezogen hat. Er geht aber auch zuweilen in dieser Beziehung zu weit, da er häufig kein Quartier an Leute vermiethet, welche kleine Kinder oder Hunde und Katzen haben, weil er von ihnen Lärmen und Unreinlichkeit befürchtet.

Die Privatwohnungen sind sämmtlich Tag und Nacht geschlossen, und muß man erst durch das Ziehen einer Klingel seine Anwesenheit melden. Beim Eintritt in die Hausflur fällt die durch bunte Fenster und bemalte Vorhänge gedämpfte Beleuchtung auf, welche sonderbar gegen die außen herrschende Tageshelle absticht. Eine ähnliche Dämmerung findet man während der Sommerzeit in den nach der Morgenseite liegenden Zimmern, da grüne Jalousieladen an allen Fenstern zum Schutze gegen die heißbrennende Sonne angebracht sind. Auf den Treppen liegen hübsche Teppiche (*carpets*), welche man noch schöner und geschmackvoller in den bewohnten Räumen findet, die dadurch viel heimischer werden. Die Gemächer, wie das ganze Innere des Hauses, sind entweder tapezirt, oder, was man noch häufiger trifft, mit hellen Oelfarben gemalt, was einen sehr freundlichen Eindruck macht. Auf letztere Einrichtung hat mehr die Nothwendigleit, als der Luxus hingewiesen, da sich hinter den Tapeten im heißen Sommer gerne Wanzen ansetzen, welche sich in vielen Häusern New-Yorks in fast unglaublicher Anzahl eingenistet haben, um die Bewohner derselben bei Nacht auf das Furchtbarste zu quälen. Auch die Muskitos [12] sind an den gemalten Wänden eher zu entdecken.

[12]: Die Muskitos sind in New-York schon sehr häufig, obschon sie dort noch nicht so lästig sind, wie weiter gegen Süden, namentlich in New-Orleans, wo ihre Stiche sogar Narben zurücklassen. Mir war es nicht möglich, ein Auge zu schließen, wenn nur eine von diesen summenden Fliegen, welche nicht allein empfindlich stechen, sondern auch eine Anschwellung der getroffenen Theile veranlassen, im Zimmer war. Man kann sie leicht entfernt halten, wenn man beim Eintritt der Abenddämmerung zeitig die Fenster schließt. So

lange Licht brennt, verhalten sie sich ruhig, weßhalb man diese Zeit benutzt, sie zu vertilgen. In meiner ersten Wohnung mußte ich regelmäßig jede Nacht eine Wanzen- und Muskitojagd abhalten.

Die Meubles sind geschmackvoll und elegant, und werden neuerdings in New-York in großer Menge angefertigt, um als Handelsartikel in das Innere des Landes zu gehen. Gegen die früheren Jahre führt man jetzt sehr wenige mehr von Europa ein, was dem Lande ein bedeutendes Capital erhält. Ein Hauptmeubel der Amerikaner ist der beliebte Schaukelstuhl, welcher in keinem Zimmer fehlen darf, und bei den ärmeren Classen die Stelle des Sophas vertritt. Sitz und Rücklehne dieser Art Großvatersessel sind stark nach hinten geneigt, um den Stuhl leichter in Bewegung setzen zu können, dessen Beine, wie bei einer Wiege, in starken gekrümmten Leisten festgemacht sind. In diesem hält die Frau ihre Siesta und bringt in ihm auch wohl ihre meiste Zeit zu, wenn der Herr des Hauses ein reicher Mann ist und über eine schöne runde Summe Dollars zu gebieten hat. Die reiche Amerikanerin arbeitet durchschnittlich wenig oder gar nichts, sie kocht nicht, sie näht nicht, sie strickt nicht, sondern sie putzt sich, geht oder fährt spazieren und besucht die reichen Modewaarenlager, um dem Herrn Gemahl eine hübsche Rechnung auf's Comptoir schicken zu können, die er bezahlen muß, wenn ihm auch zuweilen eine solche Post nicht sehr angenehm ist. Sie geht nur im höchsten Staate, in seidenen Kleidern, theuren Shawls und anderem kostspieligen Putze aus, versteht es aber nicht, sich so geschmackvoll und elegant, wie die Französin, zu tragen, obschon ihr Anzug manchmal zehnmal mehr kosten mag. Im eigentlichen Bürger- und Arbeiterstande sind die Verhältnisse freilich anders, denn dort ist auch die Frau thätig, obschon sich auch diese in keiner Beziehung mit der deutschen Hausfrau messen darf.

Die Frauen genießen in Amerika manche Rechte, von denen sie fleißig Gebrauch machen. Vor Allem haben sich junge Leute, namentlich wenn sie ein eigenes Geschäft oder sonst Vermögen haben, sehr in Acht zu nehmen, mit Mädchen viel zu verkehren, welche sie nicht heirathen wollen, da diese oft aus einer auch nur oberflächlichen Bekanntschaft Heirathsansprüche herleiten. Namentlich möge sich jeder Mann vor einem Eheversprechen etc. hüten, da er ohne Gnade die klagende Frauensperson heirathen muß. Nur durch die Flucht in einen anderen Staat kann er den Ehefesseln entgehen und seine Freiheit erhalten. Namentlich stehen die Irländerinnen bei den Deutschen in Beziehung auf diesem Punkt in einem schlechten Renommée, und Viele gehen ihnen schon von Weitem aus dem Wege. Eine bessere Einrichtung ist die, daß der Mann seine Frau nicht züchtigen und mißhandeln darf, sollte er auch zur Strafe die gegründetste Veranlassung haben. Trotz des gesetzlichen Verbotes kommt doch in den weniger gebildeten Ständen zuweilen ein solcher Fall vor, welcher dann die Inhaftirung des Herrn Gemahls zur Folge hat. Jedoch wird dieser nach kurzem Arrest gewöhnlich von der zärtlichen Ehefrau selbst wieder zurückgeholt, da es diese ohne ihn in der Einsamkeit des Hauses nicht mehr aushalten kann, und bei längerem Sitzen die Familie ohne Ernährer seyn würde.

Dem einwandernden Deutschen fällt aber besonders auf, daß der Ehemann mit dem Korbe am Arm auf den Markt geht, um Fleisch, Eier, Kartoffeln und andere in einem Haushalten nothwendige Dinge einzukaufen; die Deutschen haben zum Theil diesen Gebrauch ebenfalls angenommen, da wegen allzu hohen Lohnes die kleineren Familien keine Dienstboten annehmen können; andererseits wollen freilich wieder Viele behaupten, daß zu einem solchen Geschäfte sich nur ein Mann hergäben könne, welchen seine Frau unter ihren Scepter, d. h. unter den Pantoffel gebeugt habe. Am wenigsten will aber unseren Landsleuten gefallen, daß sich die amerikanischen Frauen das Rauchen verbitten; ja viele gehen so weit, daß sich der Mann nicht einmal in seiner eigenen Behausung eine Cigarre anstecken darf. Häufig wurde ein Deutscher, welcher eine Amerikanerin geheirathet hatte, in deutscher Gesellschaft geneckt, daß er sich einem solchen Befehle seiner Frau gefügt habe, welche sich am ersten Tage der Flitterwochen das Rauchen in ihrem Hause energisch verbat. Für diese Entbehrung sucht sich der Amerikaner auf eine andere, weniger angenehme Weise zu entschädigen, er – kaut Tabak. Diese ekelhafte Sitte ist in New-York sehr allgemein; aber je näher man den eigentlichen Tabakländern kommt, je häufiger wird diese unappetitliche Gewohnheit.

Neunzehntes Capitel.

Die Küche der Amerikaner. Der Neujahrs- und der Valentinestag. Ihre Gastfreundschaft.

Wir haben die Mäßigkeit bereits als eine Tugend der Amerikaner kennen gelernt, welche sie bei dem Genusse der Speisen ebenso, wie bei dem der Getränke beobachten. Ihr Tisch ist immer mit verschiedenen Gerichten besetzt, doch erscheinen sie trotz ihrer Anzahl dem Deutschen manchmal gar zu sehr *en miniature* aufgetragen. Das Frühstück besteht aus Kaffee, Butter, Brod, Fleisch und Eierspeisen, das Mittagsmahl aus verschiedenen Sorten Fleisch mit Salat, Mehlspeisen, Kartoffeln und Gemüse. Letzteres wird von ihnen in einer Weise bereitet, welche dem deutschen Magen nicht genehm ist, da dasselbe, einfach mit kochendem Wasser angebrüht, auf die Tafel gebracht wird. Jeder richtet es sich nach seinem Geschmacke zu, indem er es mit Salz, scharfen Gewürzen, unter denen der spanische Pfeffer eine Hauptrolle spielt, Essig und Oel in eine Art Salat umwandelt, der mir im Innersten zuwider war. Abends gibt es außer dem nie fehlenden Fleische stets Thee und Butterbrod, welches sie ebenso künstlich und niedlich zu schneiden verstehen, wie die Norddeutschen ihre Butterbemmen. Eigenthümlich ist es, daß der Amerikaner eine Lieblingsspeise der Deutschen – das so hoch gepriesene Sauerkraut – förmlich verabscheut, wie er überhaupt die Gemüse nicht liebt, wenn sie nach unserer Weise zubereitet sind. Er genießt auch weniger die Sorte Kartoffeln, welche wir in Deutschland haben, sondern eine andere, meines Wissens in Europa gänzlich unbekannte, welche in der Form unseren sogenannten Mäusen gleicht, an den Enden jedoch ganz spitz ausläuft, sehr mehlreich ist und einen ganz süßen Geschmack hat. Ich kenne jedoch nur wenige Deutsche, welchen sie zusagte. Die von uns so sehr geliebte Suppe wird von ihnen äußerst selten genossen.

Die Lieblingsspeisen der Amerikaner sind *beefsteak*, *roast-beef*, Schinken mit Eier und Geflügel; letzteres wird besonders in ungeheurer Menge consumirt. Der Truthahn und die Gans haben von dem Federvieh den Vorzug, obschon der deutsche Gaumen manchmal sehr empfindlich berührt wird, wenn er eine Gans zu schmecken bekommt, welche während ihrer Zeitlichkeit mit kleinen von der See ausgespülten Fischen gefüttert wurde, wodurch sie einen thranigen Geschmack bekommt. Außerdem sind noch Seefische und Austern sehr von ihnen geliebt.

Der Deutsche hat sich nicht von seiner vaterländischen Küche losgesagt, jedoch von der amerikanischen das angenommen, was ihm zusagte, weßhalb sein Tisch ohnstreitig besser ist.

So enthaltsam und mäßig die Amerikaner sind, so haben sie doch auch einen Tag im Jahr, wo sie sich ausnahmsweise den Freuden der Tafel hingeben. Es ist dies der erste Januar, den sie auf eine eigenthümliche Weise feiern. Während in Deutschland das Neujahrgratuliren als etwas Lästiges immer mehr in Abnahme kommt, ist es dort so allgemein im Brauch, daß nicht allein alle Freunde und Bekannte sich Glück zum neuen Jahre wünschen, sondern selbst der Maire an diesem Tage eine Gratulations-Audienz von 11 bis 2 Uhr im Stadthause ertheilt, zu der sich Tausende von Menschen drängen. Diese empfängt er stehend in seinem Bureau, in welches der Reihe nach die Bürger eintreten, ihm ohne Ausnahme die Hand reichen und ihm einfach mit den Worten: »*I wish You a happy new year Sir!*« [13] ihre Glückwünsche darbringen, worauf er dankend erwidert: »*I thank You Sir!*« [14] Von einem längeren Gespräche mit ihm kann keine Rede seyn, da eine große Menschenmenge bereits darauf wartet, ihn ebenfalls zu begrüßen. Nach stattgefundener Gratulation, die nicht länger als zwei Sekunden währt, tritt man in ein Nebenzimmer ab, in welchem Limonade und Gebackenes gereicht wird, was jedoch nur die Wenigsten annehmen.

[13]: Ich wünsche Ihnen ein glückliches neues Jahr!

[14]: Ich danke Ihnen mein Herr!

In den Familien sind an diesem Tage die Tische mit Speisen und Getränken reich besetzt und Jeder, der sich einfindet, ist willkommen. Niemand wartet eine Einladung zum Zulangen ab, sondern versieht sich ohne weitere Umstände mit dem, was ihm zusagt. Am Neujahre wird auch ein Räuschchen entschuldigt, da der herumwandernde Neujahrwünscher überall ein Glas trinken muß; selbst den Damen sagt man nach, daß sie diesem Tag zu Ehren sich bereden lassen, Etwas mehr wie gewöhnlich von den gefüllten Gläsern zu nippen.

Außer dem ersten Januar gibt auch der Valentinestag Veranlassung zu netten Witzen. Es ist nämlich an diesem Tage Sitte, Bekannten und Freunden sogenannte Valentines zu schicken, welche aus Bildern der verschiedensten Art mit geschriebenen oder gedruckten Reimen und Gedichten bestehen. Das Scherzhafte liegt besonders darin, daß sie anonym einlaufen und deßhalb der wirkliche Absender oft gar nicht errathen wird. Die Bilder enthalten Anspielungen, Carricaturen, Neckereien u. s. w. und werden in unglaublicher Anzahl durch die Stadtpost versandt. Es giebt eigene Valentines-Fabriken, welche hübsche Geschäfte mit diesem Artikel machen, da man sie von drei Cent bis zu mehreren Dollars haben kann. Reiche Amerikaner haben schon Valentines anfertigen lassen, welche 50 Dollars kosteten. Hübsche Mädchen werden besonders damit bedacht, und manche Schönheit hat eine Sammlung solcher anonymer Zusendungen angelegt, welche ein niedliches und geschmackvolles Album voll guter Zeichnungen und Gedichte bildet. So angenehm die Ueberraschung durch einen originellen Valentine ist, so haben doch leider auch Haß, Neid, Mißgunst und andere niedrige Leidenschaften diesen Tag und diese Sitte benützt, um unter der Maske des Witzes verwundende Pfeile abzuschießen. Ich kann mich des traurigen Falles erinnern, daß sich ein braves Mädchen in New-York wegen eines gemeinen Valentines das Leben nahm.

Eine Haupttugend der Amerikaner verdient beim Schlusse der Schilderung ihres Lebens und ihrer Sitten noch ehrenvolle Erwähnung, nämlich ihre Gastfreundschaft. Es ist nicht leicht, in einer gebildeten amerikanischen Familie Zutritt zu erhalten und als Hausfreund angenommen zu werden; hat aber einmal Jemand ihr Zutrauen gewonnen, so schenken sie es ihm auch ganz und machen nicht den strengen Unterschied zwischen dem jüngeren und dem reiferen Alter, wie man in Deutschland zu thun pflegt. Dieses mag zunächst dem Umstand zuzuschreiben seyn, daß bei ihnen mit dem 21sten Jahre bereits die vollständige politische Mündigkeit eintritt, welche dem Jünglinge schon die wichtigsten bürgerlichen Rechte verleiht. Dem Hausfreund gegenüber fällt die Ettiquette, und Niemand findet es anstößig, wenn ein junger Mann die Tochter des Hauses Abends ohne weitere Begleitung in's Theater, auf Bälle oder Promenaden führt.

Zwanzigstes Capitel.
Die New-Yorker Presse.

Zur Befestigung der amerikanischen Institutionen hat in besonders hohem Grade die Presse beigetragen, weßhalb ich ihrer auch einige Erwähnung thun muß. Sie übt einen um so größeren Einfluß auf das Volk, als ihr von jeher die berühmtesten und patriotischsten Staatsmänner ihre Kräfte gewidmet haben, damit den Lesern außer der vielen mittelmäßigen Kost auch eine gediegene gereicht werde.

In keiner Stadt der Union hat sie sich zu einer so hohen Bedeutung und zu einem solchen Einflusse emporgeschwungen, wie in New-York, weßhalb auch eine jede nur einigermaßen Lebenskräftigkeit besitzende Partei dort ein Organ hat. Die Journale New-Yorks entsprechen aber auch allen den Anforderungen, welche man an sie vermöge der Größe, Bedeutung und Bildung der Stadt stellen kann, es erscheinen nicht allein politische, sondern auch wissenschaftliche, belletristische, musikalische und gewerbliche Blätter; nicht verkennen läßt sich jedoch, daß zu dieser Entwickelung der Presse der Handel und der große Verkehr in New-York unendlich viel beigetragen hat; um Beide zu heben, baute man die weiten Eisenbahnstrecken, Canäle und Telegraphenlinien, durch deren Herstellung die kaum glaubliche Thatsache möglich geworden ist, an jedem Tage in New-York Nachrichten aus allen Theilen der Union in der Art zu erhalten, daß alle Ereignisse und die Marktpreise von New-Orleans, St. Louis und Buffalo wenige Stunden nach ihrem Bekanntwerden in den genannten Städten auch schon dem New-Yorker Publikum durch die Presse mitgetheilt werden können. Durch diese ungeheure Schnelligkeit der Communication ist auch das allgemeine Interesse viel lebendiger und der Absatz beliebter Blätter ungleich größer, als in Deutschland, während die Redactionen auf der anderen Seite wieder in den Stand gesetzt sind, einen billigen Preis zu stellen. Die Sonne [15] zieht eine tägliche Auflage von 60,000 und der Herald eine von 40,000 Exempl. ab.

[15]: *The Sun.*

Die Morgenzeitungen bringen noch alle die Nachrichten, welche bis 3 Uhr in der Frühe einlaufen; erst in dieser Stunde wird der Satz geschlossen und der Druck begonnen. Um 7½ Uhr haben die meisten Abonnenten in der Stadt ihre Blätter schon unter der Hausthüre liegen, da zu dieser Zeit noch sämmtliche Wohnungen und alle Verkaufslokale geschlossen sind. In den Geschäftsstraßen, die sich erst um 7 Uhr beleben, da in ihnen Niemand wohnt, liegen bei trockenem Wetter vor manchem Hause 20-30 Blätter, ohne daß der Subscribent eine Entwendung zu befürchten hätte.

Jedes Journal druckt täglich mehrere Tausend Exemplare über die Abonnentenzahl, welche größtentheils von Zeitungsjungen in den Straßen, an der Börse, an den Landungsplätzen der Dampfschiffe und an den Eisenbahnen verkauft werden. Zu dem großen Absatz der New-Yorker Blätter trägt besonders der Umstand bei, daß der Leser mit dem Beginne des Abonnements an keine bestimmte Zeit gebunden ist, indem die Zeitungsträger jeden Montag ihr Geld für das in der vergangenen Woche gebrachte Journal abholen. Für minderbemittelte Leser, welche eine größere Ausgabe scheuen müssen, ist dies eine sehr große Erleichterung.

Außer den in englischer Sprache gedruckten Blättern erscheinen in deutscher die New-Yorker Staatszeitung, die New-Yorker Schnellpost und der New-Yorker Demokrat mit einem Sonntagsblatte, und in französischer der *Courier des Etats unis,* welcher von der Regierung Louis Philipps Unterstützung erhielt und dafür oft in nicht sehr würdiger Weise die Interessen der Dynastie Orleans vertrat. Mit der Februarrevolution änderte er Redaction und Farbe. Kurze Zeit erschien auch ein Blatt für die Scandinavier; es mußte aber wegen Mangel an Theilnahme zu erscheinen aufhören.

Die Stimme des Staates New-York fällt bei der Entscheidung politischer Kämpfe schwer in die Wagschaale. Es haben daher die Demokraten und die Whigs von jeher alle ihre Kräfte aufgeboten, die Stadt und den Staat für ihre Ansichten zu gewinnen. Beide erkannten nur zu gut, daß sie sich keines besseren Agitationsmittel bedienen konnten, als der Presse, und sie sorgten daher für die Gründung von Parteijournalen, welche sich fast durchgängig mit der Erörterung politischer Parteigrundsätze und der Kritik der Regierungsmaßregeln beschäftigen. Im Sinne der Demokraten schreiben »the true Sun«, »the Globe« und die unter der Redaction des Dichters Bryant erscheinende »Evening-Post« [16]. Die schon oben erwähnte *Sun* neigt sich ebenfalls der Demokratie zu, obschon sie fast in jeder ihrer Spalten versichert, daß sie ein unpartheiisches und unabhängiges Blatt sey. Die Interessen der Whigs werden mehr oder wenig von der *New-York Tribune,* dem *Courier and Inquirer* und dem *Express* vertreten.

[16]: Die wahre Sonne, die Erdkugel und die Abendpost.

Als wahrhaft unabhängiges [17] und deßhalb von allen Parteien sehr geschätztes Blatt ist der *New-York Herald* auch im Auslande rühmlichst bekannt, und die meisten deutschen Artikel über Amerika sind wohl aus ihm übersetzt. Er liefert auch die politischen Neuigkeiten am raschesten, ausführlichsten und zuverlässigsten und wurde dem gebildeten Leser schon deßhalb unentbehrlich, weil er das einzige politische Sonntagsblatt ist. Von den Einwanderern wird er besonders geschätzt, da er Correspondenten in allen bedeutenden Städten Europas hat. Der Eigenthümer dieses Journals,

Mr. Gordon Bennet, läßt seit der Gründung der französischen Dampfschifffahrtslinie von Cherbourg nach New-York auch eine französische Ausgabe seines Blattes für Frankreich besorgen, welche von Freunden dieser Sprache auch zahlreich in New-York gekauft wird.

[17]: Nur bei der letzten Präsidentenwahl kämpfte er für die Candidatur des General Taylor.

The Sun und *the Herald* liefern bei der Ankunft eines jeden Dampfschiffes von Europa Extrablätter. Diese werden immer zahlreich gekauft und werfen daher guten Gewinn ab; denn treffen auch keine wichtigen politischen Neuigkeiten ein, so kommen doch Handelsnachrichten an, welche über Gewinn und Verlust entscheiden und von dem Amerikaner mit größter Spannung erwartet werden. Die Zeitungsjungen machen mit diesen Extrablättern gute Geschäfte, zumal sie so klug sind, im Moment der ersten Spannung um 100 Prozent mit ihrem Artikel aufzuschlagen; auch wissen sie sehr gut auf die Neugierde ihrer Leser zu speculiren, indem sie Schlachten ausrufen, die nie geschlagen wurden, und überhaupt auf Ereignisse aufmerksam machen, von denen außer diesen Jungen keine sterbliche Seele Etwas weiß.

Längere Zeit erschien in New-York der *Yankee-Doodle*, ein politisches Witzblatt mit Holzschnitten nach Art des Londoner Punch. Demselben war aber bald der Witz und mit ihm die Abonnenten ausgegangen. Ueberhaupt ist der Amerikaner sehr schwach in der Kunst, seinen Gegner durch feinen Spott zu schlagen; auch fehlt ihm die Gewandtheit in der Zeichnung und die Manier der künstlerischen Behandlung, welche bei politischen Thematen oft mehr anzieht, als ein piquanter und sarkastischer Text.

Ein eigenthümliches Blatt ist der Bruder Jonathan [18]. Er erscheint nur zweimal des Jahres, nämlich zu Weihnachten und am 4ten Juli, und ist auf einen Bogen von solcher Größe gedruckt, daß man ganz bequem einen sechsjährigen Jungen in denselben einwickeln kann, ohne daß Kopf und Fuß mehr sichtbar ist. Eine ziemliche Anzahl Holzschnitte zieren ihn, welche zum Theil von einer ungewöhnlichen Größe sind. Das Blatt ist typographisch schön ausgestattet, und wird zahlreich gekauft, um Geschenke damit zu machen. Eine Nummer kostet 1 Schilling [19].

[18]: Bruder Jonathan ist der Nationalname des Amerikaners, wie John Bull der des Engländers und Michel der des Deutschen.

[19]: 18 kr. 3 pf. oder 5 Ngr. 4 pf.

Im Jahre 1848 wurde die erste musikalische Zeitung in New-York unter dem Titel: »*The musical Times*« herausgegeben. Die bedeutendsten Mitarbeiter sind durchgängig Deutsche, ohne deren Unterstützung die Unternehmung gar nicht in's Leben hätte treten können. Der belletristische Theil des Blattes besteht fast einzig und allein aus Uebersetzungen deutscher und französischer Novellen.

Als Literaturblatt ist der *Harbinger* [20], welcher von den Gebildeten häufig gelesen wird, nicht ohne Werth. Er enthält philosophische, ästhetische und andere wissenschaftliche Aufsätze, theilt Gedichte besserer Gattung und Auszüge aus guten prosaischen Werken mit und gibt eine kritische Uebersicht über die Producte der amerikanischen Literatur. Gediegene Redaction und schöne Ausstattung empfehlen dieses Blatt, welches in seiner Art noch ziemlich das einzige im Staate New-York seyn dürfte.

[20]: Der Vorläufer.

Einundzwanzigstes Capitel.
Kunst. Theater. Musik.

Durch die Presse ist auch in dem Volke das Verlangen nach geistigen Genüssen erweckt worden. In die erste Classe ist in dieser Beziehung Theater und Musik zu stellen, die sich seit den letzten zehn Jahren in New-York einer besonderen Pflege erfreuen und ein lebendiges Zeugniß abgeben, daß die Bildung im Fortschreiten begriffen ist. Auf ihre Leistungen in der Malerei und der Bildhauerei läßt sich dieses Lob freilich nicht anwenden, da sie mit wenigen Ausnahmen in ersterem Fache noch viel zu sehr an die Entstehungsperiode der Kunst erinnern, und die Sculptur nur von eingewanderten Deutschen, Franzosen und Italienern betrieben wird. Es hat sich in New-York zwar ein Kunstverein mit einer Kunstausstellung gebildet; die eingebornen Amerikaner haben aber bis jetzt noch wenig Werthvolles eingeliefert. In der Architectur dagegen haben sie erstaunliche Fortschritte gemacht; die Börse, die *Tombs* [21], das *Customhouse* [22], das Wasserreservoir, die herrliche Wasserleitung und andere colossale Bauten werden gewiß den Beifall und die Bewunderung sachverständiger Männer erhalten.

[21]: Der im egyptischen Style gebaute Gerichtshof, mit welchem eine bedeutende Anzahl Zellengefängnisse in Verbindung steht.

[22]: Zollhaus.

Die New-Yorker haben eine große Vorliebe für den Theaterbesuch. Es fehlt daher nicht an besseren und geringeren Vorstellungen von Schau- und Lustspielen und Opern. Wirklich gute Productionen findet man im Park-Theater, da in demselben häufig berühmte englische Mimen auftreten; im Jahre 1847 gab dort der Engländer Kean die schönsten Characterbilder Shakespeares; überhaupt hat sich dieses Theater den Ruf einer dramatischen Gediegenheit erworben. Für bessere Lustspiele ist das Broadway-Theater da, welches erst vor zwei Jahren erbaut wurde; das eigene Volkstheater, in welchem Spektakelstücke und populaire und nationale Ereignisse auf die Bühne gebracht werden, ist das Bowerytheater. Es erfreut sich eines sehr zahlreichen Besuches, da der Unternehmer beständig gute und beliebte Schauspieler engagirt hat und keine Kosten scheut. Viel Vergnügen bereitete mir in demselben die Aufführung von Schillers »Räubern«, welche ziemlich gelungen in's Englische übertragen und recht brav in Scene gesetzt waren. Für die niedere Komik und den Volkswitz gibt es ebenfalls einige Bühnen.

Freunde der Opernmusik sind auf die italienische Oper angewiesen. Um sie würdig zu placiren, baute die New-Yorker Noblesse ein eigenes Opernhaus am Ende des Broadway. In diesem Musensitz wollten sie auch einen besonders feinen Ton und die Pracht der Mode nach Londoner und Pariser Art einheimisch machen, und es mußte, um diesen Endzweck zu erreichen, der Theatercomité die Einrichtung treffen, daß nur Gentlemans in schwarzem Fracke und Ladys in Herrenbegleitung der Zutritt gestattet wurde, was den bösen Uebelstand zur Folge hatte, daß ganz anständig gekleidete Leute am Eingange abgewiesen wurden. Dies hieß aber in ein gewaltiges Wespennest stieren! Die ganze New-Yorker Presse und vor allen Blättern der Herald zog ganz unbarmherzig gegen die Geldaristokratie zu Felde, welche es gewagt hatte, dem Volke eine besondere Kleidung bei dem Genusse von Vergnügungen, die ihm sein gutes Geld kosteten, vorzuschreiben und die republikanische Einfachheit, wie die persönliche Freiheit eines jeden Einzelnen in einer solchen Weise anzugreifen. Man warnte vor dem Besuche eines solchen Theaters, nannte die Sänger die traurigsten Stümper und brachte das ganze Unternehmen in einen solchen Mißkredit, daß es ohnfehlbar gescheitert wäre, wenn der Theatercomité nicht die unglückliche Frackidee aufgegeben hätte. Ein betheiligter reicher Kaufmann machte aus lauter Verdruß über das Geschrei der Presse den Versuch, den Eigenthümer des Herald mit 200 Dollars zum Schweigen zu bringen; am anderen Tage aber fand er seinen Brief wörtlich auf der ersten Spalte des Herald in einer schwarzen Einfassung abgedruckt; außerdem war noch die malitiöse Bemerkung beigefügt, daß sich der Maire der Stadt in einem Handbillete bei dem Herrn Bennet im Namen des städtischen Armenhauses für die Schenkung von 200 Dollars bedankt habe, welche zur Bestechung der Presse hätten dienen sollen.

In New-York fehlt es auch nicht an zwei deutschen Theatern; leider aber haben es unsere Landsleute noch nicht zu dem Besitze eines würdigen Kunsttempels bringen können. Die Schuld liegt freilich größtentheils an den deutschen Schauspielern selbst, welche bis auf einige Wenige so viel wie nichts leisten. Sie sind deßhalb gezwungen gewesen, ihre Bretter, die aber nichts weniger, als die Welt bedeuten, in großen Sälen aufzuschlagen. Die Dekorationen, wie die ganze Ausstattung machen einen ziemlich kläglichen Eindruck; von Maschinerie ist gar keine Rede, und die Anziehungskraft auf das Publikum würde sich wohl auf Null reduciren, wenn nicht nach dem Schlusse der Vorstellungen noch Ball wäre, an dem jeder Zuschauer unentgeldlich Theil nehmen kann.

Beide Unternehmungen sind von Gastwirthen ausgegangen, denen es natürlich mehr um den Absatz von Speisen und Getränken, als um Hebung der Kunst zu thun ist.

Für musikalische Genüsse sorgt der philharmonische Verein. Er hat viele Mitglieder und die nöthigen Mittel, um größere Musikwerke zur Ausführung bringen zu können; der hohe jährliche Beitrag macht aber den Eintritt in diese Gesellschaft Vielen unmöglich.

Die besten Musiker in New-York sind ohnstreitig die deutschen und werden auch als solche von den Amerikanern anerkannt. Ihre Vorträge sind freilich auch werthvoller, als die der Eingebornen, welche die Harmonie der Töne theilweise noch mit der Trommel, der Sackpfeife und dem Dudelsack hervorbringen wollen. Dessen ohngeachtet sind sie große Freunde der Musik und in jeder nur einigermaßen bemittelten Familie wird man ein Fortepiano finden, wodurch die Fabrikation dieser Instrumente in New-York selbst einen erstaunlichen Aufschwung erhalten hat.

Deutsche Musiker können in Amerika guten Verdienst finden, wenn sie etwas Tüchtiges zu leisten im Stande sind. An Stümpern jedoch ist kein Mangel.

Im verflossenen Jahre kam eine Gesellschaft Steiermärker nach Amerika, um sich in den bedeutendsten Städten der Union hören zu lassen. Ihr erstes Auftreten in Boston wurde von einem außerordentlichen Erfolge begleitet, da in der That jedes Mitglied Virtuos auf seinem Instrumente war. In New-York machten ihre Leistungen ein solches Aufsehen, daß sie dort schon Einladungen nach Baltimore, Washington und New-Orleans erhielten. Von letzterer Stadt giengen sie nach der Havanna. Ihre Geschäfte müssen sehr einträglich gewesen seyn, wie überhaupt noch kein Künstler Amerika unbefriedigt verlassen haben wird, da ihr Säckel sich dort gewiß eher füllte, als in den meisten europäischen Städten. Fanny Elsler, Ole Bull, Sivori, Leopold Meyer und Andere werden davon gewiß vollgültige Beweise abgeben können. Die von ihnen gegebenen Vorstellungen und Concerte waren sämmtlich zahlreich besucht, und ist auch nicht zu verkennen, daß sie bedeutende Auslagen zu bestreiten hatten, so standen sie gewiß jedesmal mit ihrer Einnahme im Verhältniß, da man in New-York zu keinem Concert unter einem Dollar ein Billet erhalten kann.

Zweiundzwanzigstes Capitel.

Lasterhöhlen. *Washington-Street.* Die *Five-Points.* Die Hinrichtungen.

Große Verdienste um die Hebung der Moralität und Sittlichkeit hat sich ohnstreitig die Presse erworben, obschon in dieser Beziehung noch viel zu wünschen übrig bleibt. Bei dem ungeheuren Verkehre und dem ewigen Gehen und Kommen von Schiffen und von Reisenden aus allen Welttheilen müssen sich um so mehr auch unlautere Elemente einfinden, als der Eintritt in das Land keiner polizeilichen Controle unterworfen werden kann, da das Paßwesen eine total unbekannte Größe in den Vereinigten Staaten ist. Diese Einrichtung hat sich besonders des Beifalls der deutschen Handwerksburschen zu erfreuen, welche froh sind, daß sie von dem Visirenlassen der Wanderbücher befreit sind.

Es ist eine immer wiederkehrende und leicht erklärliche Erscheinung, daß Verbrechen und Laster aller Art ihren Hauptsitz in den großen Städten aufgeschlagen haben; hat man dies schon im Binnenlande zu beklagen, so ist dies wo möglich in noch vergrößertem Maßstabe in den Hafenstädten zu finden, in welchen täglich Tausende von Fremden zusammenströmen. Man darf daher auch nicht erwarten, daß New-York eine Ausnahme von der Regel macht und ich es als ein Muster der Sittenreinheit hinstellen kann; man findet auch in dieser Stadt neben der Tugend, Frömmigkeit und Redlichkeit die tiefste Immoralität und neben dem guten Tone und der Bildung die gröbste Unwissenheit und die furchtbarste Rohheit. New-York hat ebensogut, als London, Paris, Wien und Berlin seine Lasterhöhlen und seine verrufenen Gassen, in welchen das Verbrechen und die Schande haust. Man thut wohl daran, bei Nacht solche Orte zu meiden, da dort trotz aller Aufsicht verworfenes Gesindel sich niedergelassen hat, welches selbst den Mord nicht scheut, wenn es ihm Beute verschafft. New-York hat so gut seinen Stoff zu »Mysterien« geliefert, wie jede andere Stadt.

Es macht einen im höchsten Grade widrigen Eindruck, daß gerade eine der schönsten Straßen in der Nähe des Hafens, in welcher Nachts betrunkene Matrosen und andere gefährliche Individuen umherstreifen, den Namen Washingtons trägt. Man thut immer wohl, wenn man ihnen im Falle des Begegnens weit aus dem Wege geht.

In den Kellern der *Washington-Street* hört man jeden Abend kreischende Musik, nach welcher sich Matrosen und schlechte Dirnen drehen, die durch zudringliche und ekelhafte Geberden die Vorübergehenden zum Eintritt zu bewegen suchen. Kaum vergeht eine Nacht, in welcher dort nicht durch die Seeleute die schrecklichsten Schlägereien entstehen. Diese endigen nur zu oft mit Mord und Todtschlag, da diese rohe und schonungslose Classe von Menschen nach langer Entbehrung [23] sich ohne Rücksicht auf Gesundheit und Anstand allen Ausschweifungen hingibt und von dem Genusse starken Brandweins gemeiniglich so trunken werden, daß sie sich mit dem Messer in der Faust anfallen.

[23]: Den Matrosen auf amerikanischen Schiffen werden zur See keine spirituosen Getränke verabreicht. Sie erhalten Morgens eine hinreichende Quantität guten schwarzen Kaffee mit Fleisch und Kartoffeln, Mittags eine gute kräftige Kost und Abends Thee nebst einer guten Beispeise, aber weder Bier, Wein noch Schnapps. Den Passagieren ist bei Strafe der Confiscation ihrer Getränke strenge verboten, an die Matrosen Etwas abzugeben. Diese Bestimmung ist auch sehr nothwendig, da die meisten Matrosen weder Ziel noch Maß im Genuß der stärksten geistigen Getränke kennen. Ihr Dienst erfordert eine beständige Nüchternheit, da sie während eines Sturmes oft sämmtlich Dienst thun müssen und ihnen in einem solchen Falle oft Hunderte von Menschenleben anvertraut sind. Für diese Entsagung entschädigen sie sich nach der Landung in so reichem Maße, daß sie in wenigen Tagen einen sechswöchentlichen sauer ersparten Lohn durchbringen.

Ein sehr beträchtliches Contingent zu diesem Auswurfe liefert die Raçe der Neger. Diese sind jedoch weniger zurechnungsfähig, da sie großentheils ohne allen Unterricht und ohne alle Erziehung aufwuchsen. Außer der *Washington-Street* haben sie besonders ihr Hauptquartier in den *Five-Points* aufgeschlagen. Die *Five-Points* sind fünf Straßen, welche von einem in der Mitte liegenden Platze strahlenförmig ausgehen und in einem wahrhaft fürchterlichen Renomée stehen. Viele Menschen wagen nicht einmal während der Tageszeit durch diesen Theil der Stadt zu gehen, welcher gleich neben dem Broadway und hinter der City-Hall, also in der belebtesten Gegend beginnt. Das Aeußere der Gebäude gibt schon einen deutlichen Begriff von ihren Bewohnern. Alle Häuser haben unter dem Erdgeschosse noch Kellerwohnungen (*basements*), in welchen sich Kneipen befinden, die von einem Ekel und Grauen erregenden Publikum besucht werden. Schmutzige Negerdirnen von jedem Alter mit herabhängenden dicken Lippen und einer oft an's Phantastische streifenden Kleidung, betrunkene Matrosen und der Auswurf der Menschheit vergnügen sich hier. Wehe Dem, der sich ohne genügenden Schutz in diese Höhlen hinabwagt; Derjenige, welcher Geld sehen läßt, ist in der größten Gefahr, ausgeplündert, ja ermordet zu werden.

Mitten in den *Five-Points* steht ein unter dem Namen »Brauhaus« in der ganzen Stadt bekanntes und gefürchtetes Gebäude. In demselben wohnen gegen 100 Personen, welche alle mehr oder minder gefährliche Subjekte sind, von denen man sich theilweise die schauderhaftesten Dinge erzählt. Zur Ueberwachung dieses Hauses, wie der *Five-Points* ist eine namhafte Anzahl Constabler aufgestellt, welche täglich Arrestationen in dieser gefährlichen Gegend vornehmen. Schon vor mehreren Jahren wurde im New-Yorker Stadtrathe ein Plan entworfen, diesen ganzen Stadttheil von Grund aus niederzureißen und an dessen Stelle neue und schöne Gebäude setzen zu lassen, um die gefährlichen Bewohner desselben aus den bevölkertsten Distrikten zu verdrängen und sie dadurch für die Gesellschaft minder gefährlich zu machen.

Es ist ein sonderbares Zusammentreffen, daß die *Tombs* gerade ganz in der Nähe der *Five-Points* sich erheben. Dieses Gebäude macht einen tiefen und ergreifenden Eindruck auf Jedermann durch den Ernst und den Charakter seines Styles; aber gerade Diejenigen, für die es gebaut ist, leben kaum 100 Schritte von ihm entfernt in größter Sorglosigkeit. Dies ist um so bemerkenswerther, als in dem Hofe der *Tombs* die Hinrichtungen vorgenommen werden. Mancher Verbrecher hat seine gräßliche That fast im Angesichte der Richtstätte begangen, ohne zu bedenken, daß er dort den Lohn seiner Thaten finden wird und ohne von der drohenden Todesstrafe von seinem Beginnen abgeschreckt zu werden.

Die Hinrichtungen in Amerika geschehen mit dem Strange; man gibt ihnen aber dort keine so große Oeffentlichkeit, wie in Europa, sondern gestattet nur Journalisten und solchen Personen Zutritt, welche mit Karten versehen sind. In neuerer Zeit ist jedoch im Volke eine große Abneigung gegen die Todesstrafe bemerkbar geworden. Bei der durch den gesetzgebenden Körper des Staates New-York zu Albany vorgenommenen Verfassungsrevision erhielt die Partei für die Beibehaltung der Todesstrafe nur einige wenige Stimmen Majorität, und es unterliegt wohl keinem Zweifel, daß auch die Amerikaner in Bälde dem schönen und ehrenden Beispiele des Frankfurter Parlaments folgen.

Es ist eine weise und passende Einrichtung in New-York, daß der Name eines Jeden, welcher entweder polizeilich abgestraft oder durch den Gerichtshof abgeurtheilt wurde, in den Journalen öffentlich bekannt gemacht wird. So wie die Polizei einen und wenn auch noch so unbedeutenden Fang macht, wird dies mit allen Einzelheiten dem Publikum mitgetheilt, welches zuweilen sehr überrascht wird, wenn es aus diesen Bülletins den Character von Leuten erfährt, die ihr Thun und Treiben unter der Maske der Verstellung und Scheinheiligkeit längere Zeit zu verbergen gewußt hatten.

Dreiundzwanzigstes Capitel.
Allgemeine Notizen für Auswanderer.

Die Auswanderung von Deutschland nach den Vereinigten Staaten war in den letzten 15 Jahren so bedeutend, daß aus allen Ständen Vertreter nach Amerika gekommen sind. Ich habe deutsche Professoren, Geistliche, Offiziere, Advokaten, Kaufleute, Studenten, Handwerker aller Art, Landleute u. s. w. in New-York kennen gelernt. Ja sogar deutsche Bettelmusikanten wollten ihr Glück jenseits des »großen Baches« versuchen, haben aber gewiß eine sehr traurige Carriere gemacht, wenn sie nicht eine andere Beschäftigung ergriffen. Ein deutsches Schiff brachte einmal fünf bis sechs solche Gesellschaften, die sich jedoch in wenigen Tagen aus der Stadt entfernt hatten, da man dort nicht gewohnt ist, Faullenzer zu unterstützen und die Pein, die sie dem Ohre bereiten, auch noch zu bezahlen.

In den früheren Jahren blieben viele neue Ankömmlinge in New-York, während sich jetzt fast alle Einwanderer in das Innere des Landes begeben, wo sie theils Verwandte, Freunde und Bekannte besitzen oder einen schon genau überlegten Plan in Ausführung bringen wollen. In New-York selbst ist nur noch für einzelne Gewerbe der Aufenthalt nutzbringend, wie z. B. für Schuhmacher, Bäcker, Maschinenarbeiter, chirurgische Instrumentenmacher, Tischler, Brauer, Tapezierer, Maler; die meisten andern sind übersetzt, finden deßhalb seltener und dann schlechten Verdienst. Es läßt sich nicht läugnen, daß die Deutschen an diesem Uebelstande theilweise selbst Schuld sind. Tausende von Arbeitern sind in New-York an das Land gestiegen, welche kaum so viel Baargeld bei sich hatten, um Kost und Logis für eine Woche bestreiten zu können. Sie waren deßhalb genöthigt, für jeden Preis Arbeit anzunehmen, damit sie nur nicht Hunger leiden mußten, wodurch der Verdienst sehr herabgedrückt wurde. Die eingebornen Amerikaner waren über dieses Sinken der Arbeitspreise großentheils sehr aufgebracht, welches sie übrigens mit Unrecht einzig und allein der Einwanderung zuschrieben, und es bildete sich aus ihnen die sogenannte *Native-Party* [24]. Diese stellte die widersinnigsten und ungerechtesten Grundsätze auf, um den Andrang der Fremden zu vermindern. So sollten diese erst nach 25 Jahren das Bürgerrecht erlangen können, die Amerikaner nur Amerikanern Arbeit geben, und dergleichen mehr. Sie bedachten nicht, daß bei Weitem der größte Theil der Einwanderer sich von dem Ackerbau und nicht von Gewerben nährt und daß mit der Zunahme der Population auch die Bedürfnisse steigen. In der ersten Zeit ihrer Bildung wurde diese Partei so mächtig, daß sie den Maire von New-York aus ihrer Partei erwählte. Ihr Einfluß sank aber so rasch, daß sie ihre extremen Pläne nicht in's Leben rufen konnte, welche der Entwickelung der Vereinigten Staaten eine tödtliche Wunde geschlagen haben würden, und heute zu Tage ist sie so ohnmächtig geworden, daß sie in dem großen New-York kaum mehr über 1200 Stimmen zu gebieten haben wird. Die deutschen stimmfähigen Bürger können diese aber auf die leichteste Weise aus dem Felde schlagen, da sie gegen 4-5000 Stimmen abzugeben haben.

[24]: Eingebornenpartei.

Derjenige, welcher über wenig Geldmittel zu verfügen hat, soll nur nicht wählerisch in der Annahme von Arbeit sein, sondern das erste Beste ergreifen, was sich ihm darbietet. Im Laufe der Zeit findet sich dann schon für ihn eine Beschäftigung, welche Gewinn bringt und ihm Vergnügen macht. Ich weiß dies aus eigener Erfahrung. Als ich von einer Krankheit, die mich um meine Stelle bei meinem Italiener gebracht hatte, wieder aufgestanden war, sah ich mich sechs Monate hindurch genöthigt, mir mit den verschiedensten Arbeiten die Mittel zu meiner Existenz zu verdienen. Ich trat bei einem Mechaniker und Metalldreher ein, bei dem ich Aufsätze auf Feldflaschen für die Armee in Mexico goß; dann arbeitete ich mehrere Monate in einer Kappenschirmfabrik, um dieses Geschäft dann mit dem Tapeziererhandwerk zu vertauschen. Als ich damit bei dem Eintritte des Winters nicht mehr fortkommen konnte, arbeitete ich in einem Lagerhause, führte später mit einem Deutschen eine Wirthschaft und erhielt zuletzt eine ständige und gut bezahlte Stelle in einer deutschen Buchhandlung, welche ich ein volles Jahr bis zu meiner Abreise bekleidete. Dieses Alles wird freilich manchem Deutschen sehr widrig und unangenehm erscheinen, zumal man in Deutschland gewohnt ist, den Mann nach seiner Beschäftigung zu beurtheilen. Der Einwanderer thut aber sehr gut, wenn er sich so rasch als möglich von solchen Begriffen und Ansichten losmacht, da er es sonst nicht weit bringen wird. Der Amerikaner weiß, daß der Mensch von der Arbeit lebt und daß die Verhältnisse sehr oft keine große Wahl gestatten; darum achtet er auch den niedersten Arbeiter und schaut nicht mit dummen Eigendünkel auf ihn herab, indem er nur zu gut einsieht, daß auch seine Dienstleistungen nothwendig sind. Selbst der reiche Großhändler scheut sich nicht, die gewöhnlichsten Verrichtungen zu thun; wenn seine Leute eben anderweitig beschäftigt sind, legt er nöthigenfalls Hand an beim Auf- und Abladen der Güter und kehrt das Trottoir vor seinem Hause, wozu sich ein reicher Deutscher schwerlich entschließen dürfte.

Derjenige Einwanderer, welcher sich gleich im Anfang nur einigen Verdienst zu verschaffen weiß, ist auch für die Zukunft geborgen und kann sich mit einigem Unternehmungsgeist leicht fortbringen. Die Zeiten aber sind vorüber, wo man in wenigen Jahren reich werden konnte; wer keine Arbeitslust besitzt und drüben Luftschlösser bauen zu können glaubt, thut besser, wenn er daheim bleibt, denn er muß dort selbst noch die Hoffnungen aufgeben, welche gewöhnlich der letzte Trost solcher Leute sind, nämlich die Hoffnung auf eine Erbschaft, das große Loos in der Lotterie oder eine reiche

Heirath. An Unterstützungen, welche die Arbeit überflüssig machen, darf er gar nicht denken, denn er würde die beständige Antwort: »*Help Youself!*« [25] erhalten, da der Amerikaner recht wohl weiß, daß der, welcher arbeiten will, nicht nöthig hat, Andere um Gaben anzusprechen. Ich habe keinen einzigen Eingebornen betteln sehen, sondern nur Deutsche und Irländer trieb die Noth zu einem solchen Erwerb, und auch diese waren meistentheils die armen beklagenswerthen Opfer von ihnen nicht verschuldeter Ereignisse. Sie verlegten sich großentheils, wenn sie keine Arbeit in New-York finden konnten, auf das Lumpensammeln; schon Morgens 4 Uhr machen sie sich auf die Beine, um vor dem Beginne der geschäftlichen Thätigkeit in den Straßen die Haufen Unraths, welche vor den Häusern liegen, mit einem eisernen Haken zu durchsuchen, mit welchem sie die aufgefundenen Lumpen mit wunderbarer Schnelligkeit in den auf ihrem Rücken hängenden Korb expediren. Dieser Verdienst ist kein schlechter, da sie ihren Fund gut verwerthen; in neuerer Zeit drohte jedoch die Concurrenz, sich auch dieses wenig einladenden Geschäftszweiges zu bemächtigen.

[25]: Hilf Dir selber.

Jeder Arbeiter, welcher in Amerika einwandert, hat noch einmal zu lernen, was besonders der großen Verschiedenheit des Handwerkszeuges zuzuschreiben ist. Besonders muß der Deutsche sich an ein rasches Arbeiten gewöhnen, wenn er mit dem Amerikaner fortkommen und Etwas verdienen will. Auf Solidität wird im Ganzen viel weniger, als bei uns gesehen, wenn nur die Arbeit gut in die Augen fällt und ihre Schwächen und Fehler nicht bemerkbar sind. So scheinen z. B. die amerikanischen Schuhe, welche man sich gewöhnlich in großen Niederlagen einkauft, sehr gut zu seyn; es ist aber schon Vielen das Unglück begegnet, daß sie dieselben am zweiten und dritten Tage wegwerfen mußten, wenn sie zufällig damit in einen heftigen Regen gekommen sind.

Zum Nutzen der Tischler und Feuerarbeiter will ich hier noch anführen, daß Erstere ihr Werkzeug ganz, Letztere zum großen Theil als Eigenthum besitzen müssen, wenn sie drüben in Arbeit treten wollen, da der Meister für die Herbeischaffung desselben nicht sorgt. Es ist übrigens vortheilhafter, sich das Nöthige in New-York einzukaufen, da man es dort in den Werkzeugsläden billig und von ganz vorzüglicher Güte und Schönheit erhält. Ich glaubte um so mehr hierauf aufmerksam zu machen, als einige Tischler, welche mit mir gemeinschaftlich die Reise gemacht hatten, mehrere Wochen ohne Arbeit waren, weil ihnen dieser Umstand unbekannt war.

Deutsche Aerzte sind in New-York im Ueberfluß vorhanden, und es fehlt nicht an tüchtigen Männern in allen Zweigen der Heilkunde. Es ist daher einwandernden Aerzten der Aufenthalt in New-York nicht zu empfehlen, obschon sich in den letzten Jahren mehrere daselbst niedergelassen haben;

sie konnten sich aber nur mit grosser Mühe eine kleine Praxis erwerben. An deutschen Advokaten ist ebenfalls kein Mangel und für Juristen wenig oder gar keine Hoffnung vorhanden, einen guten Nahrungsstand begründen zu können. Geistliche sind oft im Innern des Landes gesucht; es ist aber die lediglich von Seite der Gemeinden ausgehende Anstellung meistentheils an die Bedingung der Vorlage von Zeugnissen über regelmäßiges Studium der Theologie, bestandenes Examen und erhaltene Ordination geknüpft.

Landleute muß ich dringend warnen, in New-York Länderstrecken anzukaufen, welche im Innern des Landes liegen und vorher von ihnen nicht persönlich eingeschaut worden sind. Man sollte einen solchen Rath für überflüssig halten, da kein erfahrener Oekonom einen solchen Schritt thun und gleichsam die Katze im Sack kaufen wird. Gleichwohl hat es leider genug leichtgläubige und gutmüthige Menschen gegeben, welche sich von Landspekulanten in New-York auf die unerhörteste Weise übervortheilen ließen. Bei dem Abschlusse solcher Geschäfte entwickeln die Makler wieder einen neuen Zug ihrer Thätigkeit. Den besten Rath erhält der Auswanderer auch in dieser Angelegenheit bei der deutschen Gesellschaft und dem deutschen Volksverein.

Viele Auswanderer kaufen in Deutschland Handelsartikel ein, welche sie drüben gut und vortheilhaft verwerthen zu können glauben. Hier thut ebenfalls große Vorsicht Noth, da die Wenigsten eine genaue Kenntniß der dortigen Fabrikate, Preise und Handelsconjuncturen besitzen. Wer nicht aus zuverlässigen amerikanischen Briefen die feste Gewißheit geschöpft hat, daß er ein sicheres Geschäft machen kann, thut besser, sich mit solchen Spekulationen nicht zu befassen. Man kann sein Geld viel klüger zu dem Ankauf von Kleidungsstücken, Schuhen und Stiefeln, eines guten Vorrathes Wäsche und anderer unentbehrlicher Lebensbedürfnisse verwenden. Alle diese Artikel sind in Amerika bei weitem weniger haltbar und unverhältnißmäßig theurer, als in Deutschland.

Der Auswanderer wird aus dieser Schilderung sich eine Vorstellung von dem machen können, was ihn in Amerika erwartet. Er wird drüben Manches nicht so finden, wie er es sich vorstellte, auf der andern Seite aber auch für manche Täuschung wieder reich entschädigt werden. Ist er fähig, in der Freiheit und der möglichst großen Selbstständigkeit eines der edelsten Güter des Menschen zu erblicken, wird er sich gewiß befriedigt fühlen; strebt er aber einzig und allein nur nach materieller Glückseligkeit, so möge er bedenken, daß er auch drüben wie überall den Wechselfällen des Glückes ausgesetzt ist und daß die innere Zufriedenheit auch an dem westlichen Gestade von Bescheidenheit in den Anforderungen, und die Erfolge unserer Thätigkeit von unserer Umsicht und unseren Kenntnissen abhängig sind.

Buy Books Online from

www.Booksophile.com

Explore our collection of books written in various languages and uncommon topics from different parts of the world, including history, art and culture, poems, autobiography and bibliographies, cooking, action & adventure, world war, fiction, science, and law.

Add to your bookshelf or gift to another lover of books - first editions of some of the most celebrated books ever published. From classic literature to bestsellers, you will find many first editions that were presumed to be out-of-print.

Free shipping globally for orders worth US$ 100.00.

Use code "Shop_10" to avail additional 10% on first order.

Visit today
www.booksophile.com

CPSIA information can be obtained
at www.ICGtesting.com
Printed in the USA
LVHW040018040323
740881LV00003B/477

9 789356 901346